Galut

Coleção ELOS
Dirigida por J. Guinsburg

Equipe de realização — Tradução: J. Guinsburg; Revisão de texto: J. Guinsburg; Revisão de provas: Anselmo Dogo, Brctel e Vera Lúcia B. Holograph; Programação visual: A. Lisanaga; Produção: Plinio Martins Filho.

Coleção ELOS
Dirigida por J. Guinsburg

Equipe de realização — Tradução: J. Guinsburg; Revisão de texto: J. Guinsburg; Revisão de provas: Angelica Dogo Pretel e Ver Lúcia B. Bolognani; Programação visual: A. Lizárraga; Produção Plínio Martins Filho.

Esta obra foi publicada sob os auspícios da Federação Israelita do Estado de São Paulo e do Centro de Estudos Judaicos da Faculdade de Filosofia, Letras e Ciências Humanas da USP.

Esta obra foi publicada sob os auspícios da Federação Israelita do Estado de São Paulo com Centro de Estudos Judaicos da Faculdade de Filosofia, Letras e Ciências Humanas da USP.

Itzack Baer

Galut

EDITORA PERSPECTIVA

Título do original
Galut

Direitos em língua portuguesa reservados à
EDITORA PERSPECTIVA S.A.
Av. Brigadeiro Luís Antônio, 3025
01401 — São Paulo — Brasil
Telefone: 288-8388
1977

SUMÁRIO

1. O Conceito Judaico de História no Fim da Antigüidade — 9
2. A Idéia do Galut nos Ensinamentos dos Padres da Igreja — 15
3. Da Antigüidade à Idade Média — 19
4. A Era das Cruzadas — 25
5. Judá Halevi — 31
6. Rabi Mosche Ben Haimon — 41
7. Ao Entardecer da Idade Média — 45
8. O Fim da Idade Média — 59
9. Isaac Abravanel — 65
10. A Nova Esperança de Redenção — 75
11. O Primitivo (Não Cético) Racionalismo — 79
12. Salomão ibn Verga — 85
13. Simone (Simhá) Iuzzato — 91
14. Os Marranos — 101
15. Sabatai Tzvi — 115
16. Da Antiga Fé a uma Nova Consciência Histórica — 119
    Epílogo — 131

1. O CONCEITO JUDAICO DE HISTÓRIA NO FIM DA ANTIGÜIDADE

A palavra "Galut" envolve todo um mundo de fatos e idéias que surgem, com força e clareza invariáveis, em todas as épocas da história judaica. A servidão política e a Dispersão, o desejo de libertação e de reunião, o pecado, a contrição e a expiação, eis os elementos mais gerais que devem figurar na elaboração do conceito de Galut, se quisermos que o termo retenha qualquer sentido real.

O quadro começa a adquirir forma na época do Segundo Templo. Na Palestina, ainda existe então um Estado nacional, e o sagrado local ainda se ergue, incorporando uma força suficiente para redimir a humanidade toda. O objetivo é colocar o mundo inteiro sob a liderança espiritual dos judeus e sob a salvação de seu credo; a Diáspora não é simplesmente uma conseqüência da escravidão política — ela serve também para espalhar, pelo mundo, o conhecimento da verdadeira Doutrina. É certo que a situação política dos judeus impede a consecução desse ideal. Subjugados, menosprezados e rejeitados, em todas as partes do mundo rezam pela reunião política em seu próprio solo — só então será possível cumprir integralmente a Lei. Pois, *politeia* (a ordem da lei e doutrina), nação e solo estão sempre juntos.

Assim, na Diáspora helenístico-romana, já podemos distinguir todos os elementos essenciais do Galut medieval. E o anti-semitismo também faz a sua aparição. O anti-semitismo é o fruto inevitável da exaltada consciência que o judeu tem de sua elevação religiosa e de sua missão entre as nações, consciência essa tanto mais irritante quanto se apresenta numa nação totalmente destituída de poder. O problema de ser judeu já se liga, de forma inseparável, ao Galut. Uma das marcas característica do Galut já é a existência da perseguição, do ultraje e da injustiça, dos quais privilégios especiais não fornecem alívio.

A nação sofre devido à sua fé. "Pois, por amor de ti somos mortos todos os dias; somos computados como ovelhas para o matadouro" (Salmos, 44:23). A nação sente-se tão orgulhosa de seus mártires porque, de fato, a nação inteira consagrou a sua vida ao martírio e tomou sobre si o jugo do reinado de Deus. Mas o sofrimento por amor à unidade e liberdade do povo também é parte desse martírio. Mesmo em Filo, a esperança messiântica de reunião é tão forte, como foi nos últimos Profetas e como seria em todo judeu medieval, expressando-se sempre nos mesmos termos: — o poder divino reconduzirá os judeus à Palestina, simultaneamente, e de todos cantos da terra.

A destruição do Segundo Templo alarga a brecha na continuidade histórica da nação e aumenta o tesouro das jóias nacionais religiosas, cuja perda deve ser pranteada: o Templo e seu culto, a mutilada teocracia, a autonomia nacional, o sagrado solo sempre reivindicado. "Os justos estão em seus túmulos, os profetas dormem, mas nós somos expulsos de nosso país, somos despojados de Sion e, agora, nada temos, além de Deus e sua Torá" (Apocalipse Siriaco de Baruch). Assim, a crescente tradição da interpretação da Torá torna-se um fator crucial na vida do povo — mas a Torá ainda é apenas uma parte subsistente da sagrada estrutura formada pela nação, lei e terra, que uma redenção iminente está para reunir novamente em toda a sua integridade. Tal certeza de rápida redenção baseia-se nas promessas dos Profetas e no conceito de história, que pulsa no coração do povo e que foi estudado e ampliado, em estreita conexão com a Bíblia, geração após geração.

A Bíblia relatara o lento processo de seleção e amadurecimento que ocorreu entre o povo de Deus; confirmara-lhe o direito à terra prometida da Palestina, mostrando-lhe seu lugar especial na história das nações. O Midrasch completou o conceito de história, desenvolvido durante o período do Segundo Templo, e descreveu afetuosamente o caráter da nação e o processo de redenção, que era o sentido de sua história e da história da humanidade toda. Para os criadores do Midrasch, a única e verdadeira história fora anotada de uma vez para sempre nas Sagradas Escrituras. As Escrituras são o padrão mestre de toda a história posterior; aquilo que sucedeu outrora deve acontecer repetidamente, em círculos cada vez mais largos; assim, o evento singular dos tempos pósteros perde até mesmo o seu valor individual.

A história das nações, é certo, não era ignorada; os judeus fizeram eruditas compilações comparadas de história sacra e profana, que mais tarde, foram transpostas pelos cristãos. Mas a história do Povo Judeu permanece distinta da história, astrologicamente determinada, das nações (isto é, uma história determinada por causas operantes na estrutura acabada da natureza), pois o Povo Judeu, em sua especial relação com Deus, aparta-se do contexto da lei natural.

A descida gradual da Schehina (a Divina Morada) sobre Israel e os lugares santos, é, repetidamente, descrita no Midrasch e, com máxima profundidade, no comentário sobre o Cântico dos Cânticos. Nessa obra, a história mundial revela-se como um processo universal de redenção, realizando-se em etapas fixadas e previstas por Deus. Assim como houve seis dias para a Criação, há seis idades para a história mundial: aos primeiros quatro dias da sagrada história, durante os quais o Templo ainda se ergue, seguem-se o quinto e o sexto dias, que trazem o ascenso das bestas selvagens — isto é, dos impérios deste mundo — até que o Sábado do universo restaure a perturbada harmonia na terra e no céu. A literatura judaica desse período, que ainda se conservou, com freqüência classifica a história em termos de ascensão e queda de impérios. O processo de reparação consiste na sujeição de Israel aos impérios e na sua peregrinação expiatória entre as nações; o sentido do processo é incomensuravelmente aprofundado pela idéia de que a própria Schehina participa do Galut e também aguarda a libertação. E o quadro do servo sofredor de Deus, no quinquagésimo terceiro capítulo de Isaías, já é também aceito na Diáspora dessa época como o símbolo permanente dos sofrimentos judaicos no Galut — que é a interpretação dada à passagem pelos judeus da Idade Média. Mesmo a morte dos mártires do levante de Bar Cochba é considerada como expiação pelos pecados de toda humanidade. Com a bem-aventurada Idade de Ouro, o martírio das épocas posteriores também encontra a sua simbolização no Cântico dos Cânticos, "pois este é todo temor a Deus e assunção do jugo do reinado do céu". Quanto mais terríveis os tormentos da Diáspora, tanto maior a sua atuação como sementes atiradas ao mundo para a disseminação da verdadeira fé. Abraão, o primeiro ancestral de Israel, é o protótipo do peregrino a errar pelo mundo para colocar os *guerim* (prosélitos) sob as asas da Schehina.

Assim, o Galut adquire um lugar próprio na história, mas unicamente para que a sua supressão seja mais certa. O martírio é, ao mesmo tempo, uma luta pela autonomia nacional, por um solo pátrio, por uma base de rebelião contra o domínio de Edom (Roma), o último império. Os esforços dos Zelotas em favor da liberdade política e do firme estabelecimento da supremacia de Deus prosseguiram, desde o tempo do levante de Bar Cochba até a conquista da Palestina pelos árabes. Somente após obstinada resistência, os judeus aprenderam a lição: que o amor não pode ser prematuramente desperto; que o reinado de Deus não deve ser instaurado pela força; que erguer-se em revolta contra o domínio das nações não é permitido.

2. A IDÉIA DO GALUT NOS ENSINAMENTOS DOS PADRES DA IGREJA

Os judeus deram à Europa as leis que governam suas experiências religiosas, na medida em que tais leis derivam do conceito da responsabilidade do homem perante Deus e da conquista, através do amor a Deus, de sua liberdade interior. Mas os judeus deram mais do que isso: até a era do Romantismo, o melhor que a Europa tinha a dizer, em matéria de nação e história, também fluía de fontes judaicas.

O pensamento histórico da Idade Média é doutrina judaica: o cristianismo tirou de seu contexto original, as idéias histórico-religiosas, traduzindo-as para o idioma dos povos do Ocidente. Na medida em que o moderno saber deixou de procurar uma autêntica compreensão do pensamento histórico judaico, na mesma medida deixou de reconhecer, até agora, os fundamentos judaicos sobre os quais repousam a teologia da história e os preceitos morais pregados pelos Padres da Igreja.

Nos ensinamentos dos Padres o papel histórico do povo de Deus é retomado no conceito da *Civitas Dei,* constituída pelos secretamente eleitos que vagueiam, peregrinando através do mundo. O sentido do termo "Galut", em seu duplo aspecto de propaganda religiosa e sofrimento pela causa da redenção humana, é dado à idéia da *Civitas Dei,* enquanto que o verdadeiro Galut do Povo Judeu, despojado de sua significação como história sacra, converte-se, de drama da salvação, em alvo de desprezo e ridículo. Mas na prática a Igreja aliou-se ao império gentio, e as nítidas fronteiras que separavam Israel de Edom dominante foram obscurecidas e apagadas nas cambiantes relações entre a Igreja e o Estado.

Do ponto de vista de Paulo, os laços políticos dos judeus constituíam a manifestação visível de um liame interno, e este, por sua vez, proporcionava justificativa para o estreitamento dos laços políticos. Os Profetas de Israel, na Antigüidade, haviam profetizado o Galut de seu próprio povo, com o fito de levá-lo a uma conversão interna. Mas as declarações dos teólogos cristãos, condenando os judeus à eterna escravidão, eram dirigidas a estrangeiros, alienígenas ao grupo a que pertenciam os autores destas declarações — os quais asseguraram que a vaticinada servidão haveria de suceder.

A história do anti-semitismo atinge aqui o auge. Nenhum inimigo anterior encarara com um ódio tão forte a posição histórico-religiosa do Povo Judeu, cuja herança, acreditavam esses novos perseguidores, fora a eles próprios confiada. De outro lado, uma certa timidez impediu-os de exterminar inteiramente o povo do qual haviam tomado o melhor de seus próprios ensinamentos. Destes sentimentos ambivalentes surgiu a doutrina artifical, a da necessária preservação dos judeus até o fim dos tempos. Segundo ela, os judeus foram espalhados pelo mundo a fim de servirem, através de seus livros e de suas miseráveis condições, de testemunho para a verdade do cristianismo. Os judeus vagueiam pela terra como Caim — que é, para judeus e cristãos, o arquétipo do peregrino penitente — e o signo do Convênio, que fora para os judeus uma garantia de sobrevivência, é agora, como sinal de Caim, marca do mal — "Assim, quem, o encontrar deverá golpeá-lo" (Gên., 4:15). Os judeus estão, pois, condenados à eterna escravidão política e entregues aos reis e príncipes das nações.

3. DA ANTIGÜIDADE À IDADE MÉDIA

Tais foram os elementos históricos e os pressupostos ideológicos que criaram a situação do Galut na Idade Média. Mas tão-somente nos séculos compreendidos entre a vitória do cristianismo e a Primeira Cruzada foi que se desenvolveram as últimas conseqüências práticas destes inícios. Unicamente através da modificação geral do panorama político que ocorreu nesse período colocou-se, afinal, o judaísmo em seu peculiar caminho histórico.

Uma política deliberada do *Imperium Romanum* cristão, adotado mais tarde pelos dominadores do Islã, expulsou os judeus de sua pátria. Com o Islã, nasce um segundo poder mundial monoteísta a arrogar-se a herança de Israel, e esse poder oprimiu igualmente os judeus segundo as formas criadas pelos cristãos. Assim, os judeus tornaram-se uma classe de seres humanos destinados, no mundo todo, às perseguições políticas e religiosas. Os senhores dos países cristãos, guiados pela Igreja, submetiam-nos a caprichoso sistema de conversões forçadas e expulsões, secundado por *pogroms* artificialmente planejados. Apenas no tempo das Cruzadas, adotou a Igreja uma posição oficial, condenando as conversões impostas e as sangrentas perseguições contra os judeus e, mesmo então, a Igreja sustentava que eles deviam ser mantidos sob constante pressão, de modo a serem levados contritamente à verdadeira fé: através de uma aplicação lógica dos ensinamentos da Igreja primitiva, os judeus foram agora legalmente reduzidos ao estado de servos dos reis.

A lógica real dessa condição encontra-se nas necessidades da política prática. Os judeus eram um valioso fator na expansão econômica, no desenvolvimento das cidades e no comércio; e eram de grande utilidade como agentes políticos. Tal fato trouxe uma alteração essencial na condição econômica dos judeus. Durante o período final do Império Romano, eles não eram, de maneira nenhuma, distinguíveis na estrutura econômica e social geral. Mas a partir do sexto século, as sistemáticas perseguições que os levavam de um para outro lugar, juntamente com o salto geral europeu para as formas sociais e econômicas do feudalismo, desarraigaram os judeus do solo, forçando-os à posição desnatural de negociantes e intermediários. Carecendo de direitos e poderes, agora constituíam um instrumento de grande utilidade nas manobras políticas da classe dominante, um instrumento que, uma vez usado para o propósito em mira, sempre podia ser afastado ou destruído. Isso explica o emprego de judeus, como administradores financeiros e funcionários da corte, nos Estados cristãos e muçulmanos; os cristãos executavam um serviço similar nos Estados islâmicos, — como minoria social e religiosa, estavam em posição semelhante.

A função econômica trouxe modificação ainda mais significativa na orientação política dos judeus. Daí por diante o centro de gravidade da política judaica e, portanto, também da cultura judaica, localizou-se nas cortes de potências estrangeiras. E foi por esse motivo que as escolas da Babilônia ganharam ascendência sobre as escolas da Palestina. Mas os judeus ainda se mantinham firmemente em seus estabelecimentos da Palestina. E, na observância do calendário sagrado, a Terra Santa sempre afirmou a proeminência de sua própria posição. Unida como estava à tradição judaica, a Palestina ainda podia servir de retrato político e geográfico do mundo. A esfera da cultura islâmica, cuja área compreendia todos os judeus, do Iraque à Espanha — e assim a esmagadora maioria dos judeus do mundo — correspondia, mais ou menos à periferia do *orbis terrarum*. No décimo primeiro século, o estadista espanhol, Samuel Hanaguid, ainda mantém uma viva ligação com os mestres da Palestina: relata-lhes os seus êxitos políticos e suas batalhas vitoriosas; envia-lhes versos impregnados de anelos pelo solo sagrado, outrora bendito com a proximidade de Deus; narra-lhes seu pesar por ter de viver exilado, numa terra estranha e ímpia. Esse estadista versejador, que parece antecipar o anseio siônico de um Judá Halevi (1083-1142), situa-se claramente num ponto nodal. Samuel Hanaguid é o último político judeu, no sentido total do termo: planejou tornar o reino de Granada um baluarte para o judaísmo; acompanhou suas tropas à batalha e, talvez tenha mesmo lutado ao lado delas; seus versos manifestam pela arte da guerra um interesse que é inteiramente estranho aos judeus que o sucederam. Mas o desejo siônico desse homem, que era, ao mesmo tempo, talmudista de importância e campeão de sua fé, é, na realidade, um anseio romântico que não exige concretização. Sem dúvida, a Palestina naquele tempo já se tornara para muitos judeus uma terra de penitentes e ascetas que — como os Caraítas — habitavam o solo sagrado, para lamentar a glória perdida do Templo. Já começava a surgir a advertência, não infundada: não esteja tão à vontade no Galut; apóie o estabelecimento na Palestina.

Nesse período encontramos, entre os judeus, as últimas manifestações de um espírito guerreiro. No sétimo século, eles ainda participam militarmente da luta pelo controle da Palestina, travada entre Roma e Pérsia e entre Roma e o Islã, embates que os judeus interpretam em termos escatológicos. Mas daí por diante, a nação submeteu-se, em definitivo, à admoestação de seus mestres. Deus tornara patente a sua vontade; era de seu desejo que suportassem o jugo de nações estrangeiras. Os judeus abandonaram as fileiras das nações combatentes e depuseram o seu destino nas mãos de Deus — um fato histórico único, ao qual nenhum historiador até agora atribuiu a devida importância.

Após o sétimo século, não encontramos mais tribos belicosas, como os judeus árabes, ou povos estranhos convertidos como os Cazares — esse retrocesso para o reino do desejo e da fantasia. Em vista das religiões dominantes, o movimento de conversão dos gentios, ainda não totalmente destruído no sétimo século, tende a se limitar a conversões individuais e esporádicas — algumas poucas em cada geração, na verdade. Os Nesiim (patriarcas em Jerusalém) e exilarcas da linhagem de Davi (Cabeças do Exílio da Babilônia), que até o tempo das Cruzadas e, mesmo pouco depois, eram os reais e sacros repositórios do futuro político, não tinham mais qualquer importância. E a idéia do Messias ganhou asas e alçou vôo para os mais distantes reinos da maravilha. A começar do sétimo século, a mesma cena é imaginada, geração após geração: num belo e determinado dia, todos os judeus do mundo aprontarão a bagagem e aguardarão, em trajes festivos, o transporte para a pátria — que será feito por nuvens ou pelas mãos dos anjos. De tempos em tempos aparecem indivíduos que se dizem o Messias ou seus precursores. Atrás desse fenômeno, sempre pulsou a crença que Deus não se recusaria a corresponder, se houvesse, de parte do povo, uma suficiente preparação e purificação interior. As autoridades rabínicas viam com certa reserva tais movimentos populares. Não porque descressem do milagre mas porque acreditavam que a libertação teria de ser tam bém uma real libertação política. De um lado, estes advogados da prudência resistiam ao entusiasmo popular; de outro, eles próprios pronunciaram profecias de natureza mais autêntica. Nesse particular, nem mesmo o racionalismo filosófico ulterior pôde criar uma oposição marcada entre os eruditos e as massas.

A idéia judaica do Messias, desde o seu início até a época de Sabatai Tzvi, conseguiu abarcar e conciliar os mais diferentes elementos da mitologia nacional e do dogma teológico. E por mais que a tenham ridicularizado, não só na forma bíblica, como na medieval, essa idéia teve efeito direto sobre o pensamento europeu. Sem o Messias do judaísmo medieval, não seriam possíveis os sonhos populares europeus acerca de senhores e redentores, vivendo na obscuridade até o tempo predestinado ao retorno. Mas a difusão de tais idéias só era plausível num mundo que partilhasse das convicções escatológicas dos judeus: que a história é um processo de exílio e redenção, prefixado desde o início — um movimento de volta à Idade de Ouro perdida. Através da penitência e de uma sábia política de preparação para o que a história lhe reserva, é dado ao homem apressar o processo: mas a redenção política e espiritual só pode provir de Deus.

Visto nesses termos, o "problema judaico" liberta-se de todas as circunstâncias históricas que o cercaram na Antigüidade e o envolveram novamente, desde o fim da Idade Média. O ponto em questão é o problema da eleição judaica e da missão histórica do Povo Judeu, a ser demonstrado pela intervenção ativa de Deus. E houve um momento quando todas as forças da história pareciam convergir para a solução desse grande problema, foi na época em que as Cruzadas destruíram os últimos centros judaicos na Palestina.

4. A ERA DAS CRUZADAS

NESSE período, a Diáspora significa dispersão, sem nenhum centro político visível. A separação da terra pátria é total nas comunidades do Norte da França e da Alemanha. Mas, mesmo aí, as coletividades sentiam-se como membros espalhados da nação que um dia seriam reunidas na Palestina. Se, na realidade, o Galut nada conserva do Estado divino, exceto a Torá, então as energias da comunidade devem ser devotadas primordialmente ao estudo da Torá. E desse modo, as coletividades judaicas do Norte da França, e da Alemanha, organizaram-se em escolas talmúdicas; formaram círculos e órgãos dedicados à leitura dos escritos éticos e às especulações místicas. No Sul, a estrutura social é distinta. Os judeus são fortemente afetados pela cultura filosófica e política dos árabes. Mas todas as comunidades são dominadas por uma e mesma idéia religiosa-nacional de história, agudamente definida. Atrás ficava o grande passado, quando os judeus viviam unidos na Palestina e cumpriam a lei de Deus. O corpo todo da Lei, mais uma e mais uma vez recodificado e reinterpretado, é uma realidade fixa e fulgurante; o mesmo sucede com as semimitológicas *agadot* (parábolas baseadas em passagens das Escrituras); o mesmo acontece com o velho culto e o serviço do Templo o mesmo se verifica com o solo da **Palestina** e com a sempre esperada redenção e restabelecimento do Templo e do Estado.

Como objeto de veneração visível só agora podia restar a própria terra onde outrora se realizaram tais maravilhas e onde haveriam de se realizar novamente. Não eram muitos os que podiam ter a felicidade de contemplar essa terra e, mesmo, para os felizardos, tal ventura era certamente formada de três partes de tritezas. Não obstante, todas essas imagens e ideais traziam luz e energia à existência dos indivíduos.

Para tais gerações, havia um novo sentido na história do Segundo Templo, repetida, após Josefo e seus revisores cristãos, pelo pouco conhecido Josef bin Gorion (Iosipon, 1.º século) — não apenas Haná e seus sete filhos, mas os mal-afamados zelotas também renunciaram à vida na luta heróica para a santificação do divino Nome; também eles deram aos outros um exemplo digno. Se, através de Vespasiano e Tito, os judeus foram entregues à versão medieval do Império Romano Cristão, e se a vontade de Deus exigia deles a subserviência, ainda assim não deixaram de ver sinais evidentes, apontando para uma rápida libertação.

Os cristãos, revivendo as polêmicas da Igreja primitiva, denominaram essa crença de infantil e materialista. Os judeus, por sua parte, sentiam-se superiores à "idolatria" e à "irracionalidade" dos dogmas cristãos. Estavam convictos de que o dia do Messias não viria enquanto a guerra existisse, e acentuavam, em conseqüência, que senhores e cavaleiros rapaces não tinham o direito de passar por representantes da fé messiânica. O ponto central da controvérsia entre as duas religiões era a discussão sobre a legitimidade da herança histórica, debate este que só podia ser resolvido pelos registros históricos contidos nas Sagradas Escrituras. Assim, as especulações histórico-teológicas do Midrasch e da patrística foram renovadas nos tratados e comentários dos primeiros escolásticos e dos exegetas e glosadores judeus. A significação histórica de um comentarista como Raschi (1040-1105) reside no fato de que, com maravilhosa harmonia e segurança, proporcionou a seus contemporâneos um retrato tão sólido de suas tradições que eles puderam se manter firmemente contra todos os ataques.

Os judeus não se conservaram na defensiva, mas tentaram propagar o seu credo e ganhar prosélitos, que no dia do advento do Messias teriam a sua parte na redenção de Israel. Naturalmente, sua propaganda era então bem mais restrita de que fora no mundo pagão, helenístico-romano. Castigavam, porém, os apóstatas com uma fúria não menor do que a evidenciada nos velhos dias, e não deixavam de recorrer a todos os meios para guardar os fracos de espírito a fim de protegê-los das influências estranhas e evitar, assim, que caíssem em apostasia final. Quando viesse a hora da perseguição, não poupando comunidades nem geração alguma, era preciso acima de tudo, preservar a fé.

As melhores descrições que nos restaram sobre as perseguições no tempo da Primeira Cruzada encontram-se em crônicas hebraicas. Elas foram redigidas a partir de relatos mais curtos, que descrevem os acontecimentos em determinados lugares e províncias, e defrontaram-se com panfletos similares, com tendência oposta, que circulavam entre os cristãos. É então que o martírio religioso-nacional atingiu a expressão mais elevada. Tais mártires não são buscadores da morte, como os primitivos cristãos, nem heróis reptando o destino. A violência e a morte sobrevêm espontaneamente. E a comunidade toda sofre — velhos e jovens, mulheres e crianças, dispostos ou não. Primeiro, lutam pela preservação da coletividade, detendo o inimigo, junto às muralhas do palácio episcopal ou da fortaleza, enquanto a defesa é possível. Mas depois, quando desaparecem todas as esperanças de resguardo, estão prontos a sofrer o martírio. Não há visão mais estarrecedora do que a cena da refeição sabática dos piedosos judeus de Xanten (1096): mal terminaram de dizer as graças pela comida, quando vieram as novas da aproximação do inimigo; imediatamente cumpriram a cerimônia da prece de encerramento, recitaram a oração que expressa a fé na unidade de Deus e levaram a cabo o terrível ato de sacrifício, sempre renovado, geração após geração, desde os dias de Massada. As martiriologias descreveram, com uma clareza assustadora, o ritual de imolação voluntária e mútua (não o sacrifício dos inimigos, falsamente atribuído aos judeus) e o glorificaram na poesia moldada no sacrifício de Isaac *(Akedat Itzhak)*.

A poesia religiosa individualista empalidece diante da poesia nacional-religiosa que os judeus criaram nessa época. Como a épica cavaleiresca — mas, com que diferença de sentido! — a poesia dos judeus é a própria vida da grei: o povo inteiro entra em seu lirismo religioso. Os *piiutim,* que foram adicionados ao livro prescrito de orações, são poemas que conservam a imagem viva e fresca do grandioso passado e do prometido futuro. Os primeiros *piiutim* limitavam-se a glorificar a sacra história e a lamentar a queda do Templo, exprimindo ainda as esperanças escatológicas dos judeus, através de alusões obscuras aos conflitos contemporâneos dos impérios. Mas agora surgem as *selihot* (poemas de penitência), que descrevem os sofrimentos da nação no Galut da época — os *pogroms* entraram na sinagoga, a oprimida comunidade inscreve, em suas preces, todos os seus tormentos e todas as suas esperanças. Argumentos inteiros das polêmicas então travadas contra os judeus são debatidos e refutados no *piiutim,* sem que suas qualidades poéticas sofram qualquer enfraquecimento. Apenas com base nesses versos poder-se-ia construir o retrato histórico do Galut.

Nestes poemas, porém, o mais expressivo não é a descrição do sofrimento em si, mas o espírito com que a dor é suportada. Nos poetas *aschkenazim* não podemos deixar de reconhecer um tom de indiscritível amargor. É verdade, os mártires conservam o seu legítimo lugar ao lado dos Macabeus e do Rabi Akiva, e adicionam o seu peso ao desejo de libertação, que a nação manifesta. Ainda assim: os Profetas e os homens piedosos do passado não mais existem, o Templo foi destruído, a pátria está em mãos do inimigo, e um exílio após outro é o destino de Judá. "Todos os exílios chegam a um fim, só o meu aumenta; todas as perguntas são respondidas, mas a minha retorna sempre ao lugar de onde partiu". Isso soa como os escritos apocalípticos da época da destruição do Segundo Templo. Um povo todo, enfrenta o problema da teodicéia. A nação exclama como Jó: "Ó terra, não cubras o meu sangue!" (Jó, 16:18). As *selihot* terminam com súplicas insistentes, clamando por justiça para os assassinados, por libertação e redenção.

Deparamo-nos com uma visão mais animadora na poesia e no pensamento do judaísmo espanhol.

5. JUDÁ HALEVI

Ao mesmo tempo que os judeus do Norte da França e da Alemanha eram massacrados pelos cruzados e que as colônias judaicas na Palestina eram destruídas por rapinantes turcos e cristãos, os judeus da Espanha viram-se diretamente presos entre as hostes combatentes da Cristandade e do Islã. "Eles travam as suas guerras e nós caímos com as suas quedas; com Israel, sempre sucedeu assim".

Os judeus ibéricos tinham uma compreensão mais clara da luta, capaz de abalar o mundo, que se processava diante de seus olhos. Na comunidade judaica da Espanha, com a sua estrutura social mais ampla e com a sua forte tradição de cultura secular, os elementos terrenos do judaísmo resistiram muito mais do que nas coletividades setentrionais. Vivendo no mundo e sendo altamente versados em filosofia e política, os judeus espanhóis estavam habilitados a observar, com olhar crítico, a situação de seu próprio povo. Mantinham-se também muito mais ligados a tudo o que acontecia na Palestina e tinham uma concepção mais realística dos embates que lá se travavam. Foi na Espanha que as antigas visões apocalípticas do fim do mundo e da iminência da libertação foram reinterpretadas nos termos ditados pelos eventos da época.

Um judeu espanhol, Abraão bar Hiia, no seu *Meguilat ha-Megale* ("Rolo do Revelador"), escrito em 1129, mais ou menos, realizou a primeira tentativa de efetuar uma nova e sistemática interpretação da matriz histórica, que constituiu a base do primeiro Midrasch. Para este autor, a história é um processo de redenção, que evolui na forma estabelecida pelo processo dos seis dias da Criação. As idades do mundo definem-se de acordo com os dias da Criação, e a época do fim do mundo avalia-se nessa conformidade. Cálculos astrológicos e uma conveniente interpretação do Livro de Daniel levaram-no à mesma conclusão. Os cruzados haviam cumprido a profecia de Daniel, profanando os santos lugares e expulsando os judeus de Jerusalém; assim como Deus predeterminara o Galut nos dias da Criação, do mesmo modo estava prefixado e assegurado o advento da redenção. Mas o processo da redenção aplica-se tão-somente aos judeus: as almas puras que, no curso da história, desde a Criação até a época dos Patriarcas, livraram-se das cadeias de suas naturezas inferiores, aparecem somente entre os judeus — não habitam os corpos de outros povos. A ilimitada amargura do apocalíptico volta-se principalmente contra os cristãos, que foram os primeiros a disputar a herança judaica na Palestina. Para Abraão, o progresso intrínseco da história cessou virtualmente com a revelação no Sinai — todos os sucessos ulteriores são meros passos no caminho que Deus traçou desde o início. Conseqüentemente, o fenômeno do Galut em si recebe de sua parte pouca atenção.

Não é por acidente que, exatamente neste tempo, aparece uma "teologia da história", reunindo todos os elementos existentes no corpo das tradições judaicas e que viviam na consciência do povo. Do mesmo modo, a escolástica cristã, então no seu início, revivia as teorias agostinianas da história — e, indubitavelmente, com plena ciência da crescente necessidade de estabelecer um debate com o judaísmo. Uma consciência análoga, combina-se à experiência política da época, quando no *Cuzari* (escrito entre 1130 e 1140), Judá Halevi, pronuncia-se contra a influência da filosofia árabe, lembrando aos judeus espanhóis o caráter, fundamentalmente histórico da religião judaica. A religião judaica não pode ser reduzida a uma abstrata coletânea de artigos de fé; esse credo liga-se, de forma inextrincável, à eleição histórica e ao destino histórico de Israel. Mas ao descrever o papel de Israel na história do mundo, Judá Halevi purifica a idéia da eleição de todo amargor e ódio, transformando o ébrio êxtase do apocalíptico numa serena resignação e numa disposição para o martírio. Sem sacrificar um iota do mundo "materialista" judaico de idéias, Halevi amplia a humanidade do messianismo judaico para além dos limites do pensamento medieval.

No *Cuzari,* uma obra polêmica contra o cristianismo e o islamismo, Judá descreve o gradual processo de seleção, através do qual o indigno foi eliminado e o povo de Deus, escolhido para a missão de portador da "palavra divina". Esse processo histórico confirma a hereditária pretensão judaica à Terra Santa, penhor e verdadeiro cenário da revelação. A eleição liga-se ao corpo físico de Israel — um ponto que Judá acentua em contraste com as alegações das religiões rivais — mas não exclui as pessoas dignas, entre os crentes de outras fés. E as constituições de outras nações, que repousam sobre a lei natural e a lei da razão, têm um valor próprio, embora formando meros preâmbulos à divina Torá. Judá rejeita, formalmente, a intolerância religiosa de Abraão bar Hiia. Entretanto, a sua terminologia filosófica, incluindo a concepção da forma espiritual sobre-humana pertencente unicamente aos judeus, conduz a um mundo fixo de idéias supra-históricas. Essa desnatural exaltação da idéia ingênua da eleição, apresenta-se ao lado de uma consciência surpreendentemente forte das insuficiências dos judeus reais, diante de cujas imperfeições um genuíno poeta como Judá não podia fechar os olhos. Ele supera essa lacuna — que aparece claramente em sua obra, pela primeira vez na história do Galut — baseando a sua fé no sentido da história judaica. Para Judá Halevi, a nação judaica é a única verdade, a única nação realmente viva, porque conservou invariada no povo, através de toda história humana, aquela alma profética que Deus concedera ao primeiro homem. Através de seus íntimos laços com a *Schehina,* através da liberdade interior, conquistada pela proximidade de Deus, Israel desfruta do verdadeiro sentido da vida. As demais, são nações "mortas", buscando em vão, por meio de suas instituições religiosas, imitar as tradições da única nação que verdadeiramente vive. O idioma hebraico também é a linguagem original da humanidade e o único idioma vivo. O Povo Judeu e sua cultura devem a origem e sobrevivência, não a um desenvolvimento natural, mas a um princípio espiritual, à vontade do Criador. Judá conhecia a escola árabe de história e estava familiarizado com a doutrina árabe da ascensão e declínio das nações — através do crescimento e decrescimento em número, através da força e da fraqueza política, através da separação e união das partes individuais de uma nação. Como muitos outros judeus de seu tempo, Judá Halevi não temia aplicar ocasionalmente à história dos judeus as teorias naturalistas da história. Todo conhecimento e toda arte nasceram entre os judeus e foram transmitidos às outras nações — Judá sabia disso pela antiga apologética. Mas o declínio político do Estado, trouxe consigo uma decadência correspondente na cultura judaica. Isto é doutrina naturalista, que, por outro lado, não pode ser aplicada à história judaica. Essa história, para Judá, ergue-se acima de todas as leis causais.

Isto é verdade para a velha história sacra, e o é também para a história contemporânea no Galut — enquanto Israel não for, devido aos seus pecados, entregue ao mundo da lei natural.

Judá Halevi é o primeiro pensador, após o declínio político da nação judaica, a proporcionar um exame teórico cabal do problema do Galut. E o problema requeria uma nova análise, pois os séculos precedentes haviam testemunhado uma alteração essencial no quadro político do mundo. Uma ampliada experiência histórica oferece agora um novo argumento para a verdade da fé judaica: todos os povos da Antigüidade, salvo os judeus, pereceram. A nação judaica, "pobre em substância, mas poderosa na forma", ainda existe, a despeito da diminuição de sua força física; pois, é sustentada por Deus. Mas, quanto mais se prolonga o Galut, maior é sua exigência de plena justificativa. Pois, é inegável que os judeus no exílio, não mais recebendo o poder integral da divina influência, são como um cadáver desmembrado — no qual, na realidade, ainda persiste certo calor vital.

Judá encontra consolo em formas de pensamento que já existiam dispersas nas tradições judaicas. Assim como outrora o Templo era o altar de expiação para a humanidade toda, ou seja, o próprio coração desta, assim é o Povo Judeu no Galut o coração da humanidade. O Povo Judeu é o servo de Deus, que sofre pelo mundo todo, e expia pelos pecados do mundo, segundo Isaías, ou, como acreditavam certos contemporâneos de Judá, baseando sua fé numa tradição mais antiga: é o povo de Deus que reza pela paz de um mundo, sob cujo jugo este povo sofre (Jer., 29). Sofrer humildemente e resignar-se, tal é a missão dos judeus no Galut. As ordens monacais de outrsa religiões realizaram essa tarefa de maneira apenas incompleta. Todos os povos orgulham-se de seus próprios e pacientes sofrimentos, mas, na realidade, esforçam-se apenas em realizar o ideal do guerreiro, e consideram o sucesso político externo como a única medida do valor de uma nação.

Judá Halevi também revive, numa forma aprofundada pela experiência histórica e pela familiaridade com a teologia comparativa dos árabes, a idéia exposta pela antiga apologética: o Galut serve para disseminar a verdadeira fé. O cristianismo e o islamismo nasceram do lento amadurecimento da semente plantada pelos judeus; e essas duas comunidades religiosas também preparam, ao seu próprio modo, para os tempos do Messias. Assim, a essas religiões atribuiu-se, para o presente, uma posição na história que outras nações recusavam aos judeus. Cristãos e muçulmanos parecem assumir o papel dos *guerim,* na antiga concepção do Galut. O trabalho silencioso do espírito judaico é ilustrado com o mistério da semente, que parece morrer e se dissolver, a fim de assimilar as substâncias de seu meio, incorporando-as, num nível mais elevado, à sua própria essência. E este é também o antigo símbolo da ressurreição assegurada à nação judaica, como é assegurada ao indivíduo.

Assim, o Galut e a redenção não são condições que se desenvolvem gradualmente, reunindo-se e misturando-se no curso dos processos históricos. O Galut é a destruição de uma situação ideal que tem de ser restabelecida. Para Judá Halevi, as garantias nacionais-religiosas do passado são penhores reais e efetivos, que serão plenamente remidos. A nação, a terra e a Torá conservam entre si uma relação necessária, em parte natural e em parte sobrenatural, que deve ser restaurada em sua inteireza. Mas Judá não permite que as suas esperanças para o futuro o conduzam a sonhos românticos e apocalípticos; ele empreende a sua memorável viagem à Palestina, a fim de ensinar com o próprio exemplo a seus contemporâneos, e a todos os que vieram depois, que a redenção será conquistada unicamente por meio de um real e ativo desejo de união com Deus, na Palestina — o homem sozinho tem de criar as condições que o levarão à redenção.

Lentamente a princípio, apartando-se pouco a pouco dos prazeres da vida, Judá chegou por fim, através da penitente acolhida do aviltamento do Galut, a uma expressão final de suas convicções messiânicas. Exprimindo a experiência concreta de sua época em termos sempre novos, Judá viveu a maior revolução da história dos judeus e descreveu a situação destes com clareza e profundidade. "Eles estremecem debaixo de seu fardo, vagueiam como Caim, cruzando os confins da terra, indo de um vazio a outro". "O filho da criada (Ismael) persegue-nos com ódio; voltamo-nos suplicando a Esaú, e este nos dilacera qual uma besta selvagem." Enfim, o que ergue o poeta acima dos horrores de seu tempo, não é apenas a força da libertação religiosa interior, mas também uma visão histórica que ilumina os eventos de todos os tempos. Com maior clareza, talvez, do que qualquer judeu de épocas posteriores, Judá compreendeu a oposição entre o princípio histórico do judaísmo e o princípio histórico de outras nações — entre a íntima relação dos judeus com Deus, que os elevava acima de todas as leis causais e o poder político dos demais. Mas essa consciência conduziu-o, também, além dos limites da política prática de seus amigos judeus. Naqueles dias, os políticos judeus na Espanha tentaram, após o colapso da cultura árabe, utilizar os meios da política prática para tratar com os conquistadores cristãos vindos do Norte; desejavam obter novos abrigos para os judeus que fugiam do Sul. E o mesmo poeta que, algumas vezes, parece tão simpático a tais políticas, e que na sua viagem à Palestina ainda escrevia louvando o poderio do

Naguid egípcio (chefe dos judeus no Egito), rejeita incondicionalmente esse tipo de política no Galut. "Em pé! Este não é o teu pouso!", grita ele aos falsos "redentores". E aos que tentaram, quase nos termos dos primitivos cristãos, depreciar a Palestina, estabelecendo-se confortavelmente no Galut, diz ele: "Temos nós, no Oriente ou no Ocidente, um sítio para descansar nossas esperanças?"

Essa confiança na Palestina como o "refúgio seguro" é de uma tremenda força espiritual. Judeu algum, antes de Judá Halevi, expressou uma nostalgia da pátria com tão entranhada amargura e uma visão histórica tão profunda; e o mundo inteiro, dificilmente, pode apresentar algo comparável às suas palavras. Isto não é simples fruto da grandeza do poeta, mas surge da singular posição do Povo Judeu no Galut, uma situação vista aqui em seu ponto nodal. Quem percorre a rota trilhada pelo espírito judaico, desde os Salmos 126 e 137, até a "Ode a Sion", de Judá Halevi, deve reconhecer que o anseio não podia prosseguir na terra. Se há uma nota nova na sua saudade por Sion, esta vem dos sucessos de sua juventude, quando foram destruídos os últimos vestígios do estabelecimento judaico na Palestina. Com isso, desapareceu finalmente o conceito do Galut peculiar à antiga Diáspora. O judeu da Diáspora helenística tinha a sua "pátria" no país em que nascia e crescia, mas sua "mãe-terra" era a sagrada cidade-Estado do Templo. Para o judeu medieval, o Galut não era pátria de modo nenhum e a "morada da paz" era um deserto nu, despojado de judeus, sobre o qual as nações da Europa e da Ásia altercavam em nome da religião, "como chacais disputando sobre o cadáver do leão". Mas somente os judeus vinham ao país, como peregrinos sinceramente humildes e enamorados. Sion era ainda o centro e o coração da Diáspora, e do Norte e Sul, e do Este e Oeste, todos aqueles que languesciam na servidão mantinham os olhares pregados em Sion. A Palestina era o centro e o coração da Diáspora, embora o Templo pertencesse ao passado e mal houvesse um só judeu no país. Não era um "centro espiritual", nem era, para os judeus, como era para cristãos e maometanos, apenas o país de uma revelação passada, dotado, em virtude disso, de miraculoso poder de redenção; não era, tampouco, meramente a Terra Santa de tradições e dogmas — esse deserto era o lar, a mãe-pátria do Povo Judeu.

6. RABI MOSCHE BEN MAIMON

Sendo um autêntico poeta nacional, Judá Halevi não deu ao povo uma nova interpretação de seu destino; deu, antes, à tradição histórica e à consciência popular de sua grei a mais elevada expressão permitida pelo mundo medieval e sua formulação manteve-se inabalada no curso das gerações que o sucederam. Um homem, somente, tinha algo a acrescentar — Rabi Mosche ben Maimon (1135-1204).

Como Judá Halevi, Mosche ben Maimon tende para uma concepção naturalista e evolucionista da história. Especialmente digna de nota é a sua constatação de que a preocupação dos judeus com a astrologia provocou a queda de seu Estado, pois essa pseudociência distraiu-lhes a mente da habilidade militar e das conquistas exteriores. É a influência da ciência política dos árabes e de suas filosofias da civilização que atuaram nesse ponto — como influíram mais tarde na Renascença — introduzindo elementos alienígenas na teoria judaica de história, sem que o escritor percebesse qualquer incongruência no fato. Pois, nos seus moldes mais amplos, o pensamento histórico de Mosche ben Maimon é tradicional e religioso, e não empírico e científico. Fundamentalmente conserva-se apegado à velha convicção de que a história de Israel, ergue-se acima da causação empírica. Para Israel não pode haver um "fado" concebido em termos astrológicos; a sobrevivência ou a queda de Israel não dependem de causas naturais, mas da submissão ou revolta do povo em face de Deus. A história judaica ainda é a história da provação do povo de Deus, cujas etapas progressivas Mosche ben Maimon esboça, com clareza, na sua *Epístola ao Iêmen*. Primeiro, o inimigo tentou aniquilar a nação judaica a golpes de força, em seguida procurou alienar os judeus do Senhor, através do conhecimento profano. Finalmente, surgiram as religiões do cristianismo e do Islã, que organizadas como rivais do judaísmo, combateram os judeus, ao mesmo tempo, com as armas da força e do espírito, acreditando que, com a posse de certos elementos do judaísmo, podiam abalar a fé dos judeus. Nesses termos, a história retém o caráter de um progressivo processo de redenção, e o aumento exterior dos sofrimentos, na época das Cruzadas converte-se, pois, num signo da salvação que se aproxima. Isso explica o crescente desespero que se apoderou de todos os judeus do mundo, bem como o aparecimento dos falsos Messias. Ao mesmo tempo, a história também é um processo de disseminação da verdadeira fé: para Mosche ben Maimon, como para Judá Halevi, o cristianismo e o islamismo servem para preparar o caminho ao genuíno Messias. Em Mosche ben Maimon, a mente ampla e humana combina-se com a crença vigorosa na missão histórica do Povo Judeu. Ao prosélito, Obadiá, ele escreve que não há diferença entre os filhos de Jacó e os que, impelidos por uma sincera convicção aderem à escravizada e oprimida nação, na qualidade de filhos de Abraão, o pai dos *guerim*. Mas se um judeu não se mantém firme numa época de perseguições — assim considera uma autoridade talmúdica — isso prova que os antepassados desse incrédulo e infiel "não estiveram no Monte Sinai". Pois, a fé de Israel é atestada através da própria nação, cujos membros sem exceção, em todos os tempos, participam da revelação do Sinai. "Nossos olhos viram-na e não olhos estrangeiros; nossos ouvidos escutaram-na e não outros." Assim, nenhum judeu pode ser alienado de sua crença, quer por forças externas, quer por sua própria vontade. "Pois a Torá não pode ser separada do sêmen de Jacó, nem dele, nem de seus filhos, nem de seus descendentes, nem voluntária nem involuntariamente." Para Mosche ben Maimon, a sobrevivência do Povo Judeu é tão certa, como a eternidade da Torá — o ideal e a fonte de todos os conhecimentos em todas as idades — tão inevitável, como o estabelecimento do reino messiânico e a reconstrução do Templo na sua antiga glória. Maimônides compartilha, totalmente, das reais esperanças messiânicas que as experiências da época despertaram em seu povo. Ele mesmo transmitiu uma tradição, segundo a qual o dom da profecia retornaria a Israel no ano de 1216. E quando defende, com firmeza, a suprema autoridade dos eruditos da Palestina e a função vital destes, no que diz respeito à determinação do calendário, e quando demonstra que a restauração da ordem na Palestina é um pré-requisito necessário à redenção, seu procedimento revela com toda clareza a preocupação primordial do político nacional-religioso, cujas esperanças escatológicas estão ligadas ao centro judaico na Palestina. Esse constante interesse também se evidencia na sua inclusão da doutrina do Messias nos artigos de fé judaica, formulados, pela primeira vez, por Maimon. Ao selecionar tais dogmas da doutrina judaica, baseou a escolha inteiramente nas necessidades da época, dando lugar especial à doutrina do Messias, não porque estivesse realizando algum esforço para se adaptar às concepções do povo, nem porque fora compelido, mas sim porque, a seus olhos, a doutrina do Messias era fundamental para a fé judaica e para a existência histórica do Povo Judeu, que tinha de ser defendido contra qualquer ataque. Além disso, se insistiu que o verdadeiro Messias seria reconhecido apenas por sinais externos — pelas conseqüências políticas e militares que acompanhariam o seu advento — foi simplesmente para erigir uma muralha contra as tendências de espiritualização, que eram animadas entre os judeus por influências internas e externas, e contra as fantasias dos falsos profetas, que, tendo permissão para tanto, poderiam afinal abalar a própria crença do povo. Mosche ben Maimon lutou contra as aberrações de uma fé mística, da qual, em essência, ele mesmo partilhava. Sua devoção era sincera, sendo determinada com maior força pela tradição histórica do judaísmo do que por qualquer outra influência filosófica externa. O seu "racionalismo" não abalou os fundamentos nacionais e políticos da tradição judaica; pelo contrário, fortaleceu-os. Tal posição, porém, só se justificava num homem que vivia no Egito, na proximidade dos mais críticos embates que se processavam em torno da Terra Santa. Para esse homem, a mais forte personalidade do judaísmo medieval, o Galut como tal era um problema menor do que foi para Judá Halevi.

7. AO ENTARDECER DA IDADE MÉDIA

A PARTIR do décimo segundo século, o problema do Galut torna-se mais complexo. As condições externas sob as quais o judaísmo subsistia provocaram dúvidas que não surgiram do próprio judaísmo, mas que eram resultados diretos das relações objetivas entre o judaísmo e a cristandade. O debate entre Israel e as nações não estava mais confinado à questão de se saber se Israel era o povo eleito e sua Torá a lei eterna, destinada a governar "um dia" — isto é, logo — o mundo; a crítica focalizava agora as formas externas da vida do povo judeu no Galut.

A geração após a Primeira Cruzada percebeu, com toda a clareza, a verdadeira fonte política e moral do problema, bem como de sua particular severidade. Pedro Abelardo (faleceu em 1142), nos seus *Colóquios entre um Filósofo Judeu e um Cristão,* põe as mais contundentes palavras na boca do judeu: transforma-se Deus em demônio, acreditando-se que a firmeza dos judeus, em seus infinitos tormentos, há de permanecer sem recompensa; nenhuma outra nação, jamais sofreu tanto por amor a Deus. Espalhados entre as nações do mundo, sem reis ou príncipes, os judeus gemem sob a carga de pesadas taxas, como se todos os dias tornassem a comprar o direito de viver. Maltratar os judeus parece uma coisa do agrado de Deus, pois só como sinal da sua animosidade explicam os críticos uma servidão tão pesada. As vidas dos judeus estão confiadas a seus mais ferrenhos inimigos. Mesmo no sono são assaltados por sonhos de horror. Eles não têm em parte nenhuma, um refúgio seguro, salvo no céu. Se um judeu deseja viajar de um para outro lugar, deve dispender grandes somas para adquirir a proteção dos príncipes cristãos, que, na realidade, almejam a sua morte a fim de se apropriarem dos bens remanescentes. O judeu não pode possuir campos ou vinhedos, pois não existe ninguém para proteger a sua propriedade. Assim, o judeu é forçado à agiotagem, e isto faz com que o cristão o odeie ainda mais.

As relações dos judeus com as demais nações eram reguladas, segundo a tradição talmúdica, pela consciência da submissão judaica a Roma e seus sucessores e pela necessidade de fugir às influências dos "idólatras" — até tarde, na Idade Média, os judeus ainda consideravam os cristãos como idólatras. No aspecto político, os judeus reconheciam o dever de lealdade para com os seus senhores, enquanto o poder dominante fosse exercido segundo princípios determinados e não estivesse sujeito à mera arbitrariedade do monarca. Em matéria econômica e social, havia tão-somente uma doutrina religiosa aceita: a que ensinava a máxima renúncia possível às coisas deste mundo. Certamente não existia uma doutrina que transformasse em virtude a astúcia nas relações comerciais com os cristãos; quando muito, havia as doentias conseqüências psicológicas de uma desnaturada situação política: o judeu comum podia estar disposto a obter proveito da sentença que aparece no Talmud, segundo a qual é permitido tirar partido dos erros de um não-judeu. Mas tais práticas eram de se esperar no comércio e outros intercâmbios, entre membros de credos diferentes. A percepção de juros era, de acordo com uma doutrina nascida entre os judeus, pecado mortal mas a interpretação cristã, bem como judaica, da doutrina permitia o recebimento de interesse, em se tratando de membros de outros credos. Assim, os judeus foram levados a esse comércio impopular por fatores internos e externos. Na ética antiga e medieval permitia-se a cristãos, não menos do que a judeus, certas práticas não éticas, quando utilizadas contra os incrédulos; se, em geral, supunha-se que os indivíduos evitavam tais usos, era apenas para "que o nome de Deus não fosse profanado" (Lev. 18:21). Esses vestígios da "moralidade dentro do grupo" só podiam ser abolidos com o desenvolvimento pacífico das relações humanas e com o esclarecimento filosófico. Entre os judeus, a estrita moralidade dos piedosos foi uma forte influência na direção exata. Entre os cristãos, de outro lado, os mais devotos eram, também, os maiores inimigos dos judeus, e o mandamento do amor ao próximo não tinha sentido, quando o próximo era de outra crença. A Igreja cristã oficial pensava, é verdade, que não se devia matar os judeus; mas a Igreja pensava também que era dever do cristão forçar os judeus à conversão, por meio da pressão externa. E os pregadores populares, do décimo terceiro século em diante, preconizaram repetidamente a guerra aberta contra os judeus. A doutrina cristã dominante os comparava ao demônio; isso encorajou o desenvolvimento de fantasias, frutos do ódio, sem a menor relação com a doutrina ou a vida judaica. Nos Padres da Igreja, lemos a mesma acusação de morte ritual, levantada contra os cristãos, nos primeiros séculos do cristianismo; monges ingleses do décimo segundo século copiaram as passagens em questão, aplicando-as simplesmente aos judeus. A mentira tornava-se, de geração para geração, mais fantástica, e naturalmente sempre havia novos "casos" a corporificar a versão particular de morte ritual, corrente na época. Os judeus deram vazão a seus sentimentos de repulsa em preces por vingança e em visões apocalípticas. Usavam todos os meios de que dispunham, para punir os apóstatas e os que traíam seus irmãos judeus. Mas não erguiam a mão contra os cristãos. "A vingança é Minha e a recompensa" (Deut. 32:35).

No décimo terceiro século, a luta contra os neomaniqueus e averroístas atraiu a atenção da crescente escolástica para o Talmud. Excetuando-se as referências isoladas dos primeiros teólogos cristãos, foram principalmente os Caraítas, uma seita judaica que não reconhecia a Tradição Oral, e os filósofos entre os judeus, que primeiro atacaram a concepção semimítica do mundo, contida na Agadá, bem como a argumentação e ética da Halahá, nenhuma das quais resistia à lógica filosoficamente treinada e à moralidade menos ingênua. Os paladinos da Igreja exploravam agora o material dessas críticas anteriores e interiores, extraindo textos isolados, adequados aos seus propósitos. Acima de tudo, estavam interessados em criar a impressão de que o Talmud era um arsenal de abominação à cristandade, e tal interesse os forçou a sérios abusos contra o material. Assim, os Caraítas tinham atacado, do ponto de vista de uma rigorosa moralidade, a frouxa doutrina rabínica que permitia a dissolução de um juramento. Os Caraítas criticaram, em particular, a prece do Kol Nidre. Os cristãos lançaram mão dessa disputa para formular um suposto "princípio" judaico, segundo o qual nenhum juramento feito a um cristão era obrigatório. Tais distorções levaram os Papas, em diversas épocas, a ordenar a queima do Talmud. De outro lado, os eruditos cristãos, acreditando que havia traços de doutrina cristã nas *agadot* proscritas, empenharam todos os esforços para impor aos judeus essa nova interpretação.

Assim, da intolerável tensão e conflito desentranharam-se gradualmente os elementos da "questão judaica" no sentido moderno. As condições do sistema corporativo medieval só podiam aguçar o conflito. No interior do Estado, em meio das várias ordens, os judeus constituíam um corpo nacional-religioso específico, um corpo que possuía seus próprios interesses políticos e estava em oposição direta à crença religiosa da maioria. Além disso, o grupo tinha, com muita freqüência, membros destacados a serviço do governante e desenvolvendo os negócios do Estado. Isto provocava a inimizade dos grupos cristãos, seja porque tais judeus apoiavam políticas fiscais absolutistas, ou porque cediam aos caprichos do monarca, ou, ainda, porque exploravam em proveito próprio as posições que ocupavam. Certas linhas de comunicação atravessavam o abismo que separava judeus de cristãos: o intercâmbio humano geral, que era possível nos círculos da corte ou urbanos; o interesse comum dos eruditos; os inícios da tolerância religiosa e do patriotismo. Mas esses débeis fios rompiam-se em épocas de dificuldades; nenhuma cura era de se esperar desse tipo de inter-relações.

Mas se a "questão judaica" não seria resolvida pela tolerância, o ódio tampouco o proporcionaria uma solução final. Por toda parte onde, durante a Idade Média, encontramos um programa econômico anti-semita, ele consiste num esforços para levar os judeus às mais baixas e infamantes ocupações. Tal é o programa que os frades mendicantes criaram no décimo terceiro século e é o mesmo programa que os reformadores alemães (Lutero e o seu círculo) adotaram mais tarde. Pouco antes da expulsão dos judeus da Inglaterra, em 1290, houve propostas para que os judeus aí residentes fossem forçados a renunciar ao comércio do dinheiro, sendo-lhes concedido, em compensação, terras em propriedade; na Espanha, decretos similares foram redigidos com bastante freqüência. Mas tais leis nunca foram realmente executadas. Na Idade Média, ninguém dispunha de poder para empreender reformas básicas e ninguém dispunha da necessária percepção sobre a verdadeira natureza dos males sociais. A questão judaica na Idade Média era um problema religioso que constituía, ao mesmo tempo, e fundamentalmente, o problema político da existência nacional judaica; essa questão produziu, como conseqüência, males sociais que as condições do tempo tornavam inevitáveis.

Uma solução radical era o batismo. Mas para a intenção chegar ao fim, era preciso que a mudança de credo não só fosse sincera, como também que todos os vestígios de sentimentos judaicos fossem obliterados para sempre, o que raramente acontecia. Uma vez que os meios pacíficos se mostravam pouco eficientes, o ódio explodia em julgamentos de pretensas atrocidades e em sangrentas perseguições. Na Idade Média avançada, estas eram cada vez mais condicionadas pelo séquito social e econômico que acompanhava o problema judaico; mas tal fato não deve obscurecer o caráter essencialmente religioso do conflito. O batismo sempre detinha a perseguição.

A última e mais radical das soluções remanescentes era a expulsão dos judeus, que a Igreja, no início da Idade Média, empregava primordialmente como recurso para obrigar os judeus ao batismo — e não sem êxito. A maioria dos judeus não estava em posição de emigrar e era, em conseqüência, forçada à aparente conformidade. Mesmo as últimas expulsões da Idade Média visavam basicamente à conversão dos judeus e não à imigração forçada. Mas o número dos que preferiam conservar a sua fé aumentou, quando os meios de viagem e transporte progrediram, e a política de expulsão passou a desempenhar um papel político e social que não figurava em seu propósito original: a purgação de um elemento indesejado da população. Ocasionalmente, a expulsão era empregada como simples meio de satisfazer a cobiça de um rei.

Por outro lado, os judeus também não tinham, para oferecer, qualquer programa "construtivo". Alguns pontos individuais de atrito, nas relações entre judeus e cristãos, podiam ser eliminados no seio da própria comunidade judaica, através das *tahanot* (ordenações da comunidade), assim como a legislação cristã também podia suavizar outros elementos de tensão. Mas isto não provocava uma diferença essencial. O nó do problema judaico não podia ser cortado por dentro, mas por fora podia-se tentar. Os cristãos podiam exigir a expulsão dos judeus; estes, depois de banidos, enfrentavam o mesmo dilema em outro país. Como, porém, qualquer alteração radical estava nas mãos de Deus, era necessário aceitar a situação, mais ou menos como ela se apresentava. Era impossível qualquer entendimento com o inimigo. O caminho para tal entendimento era, o que ainda continua sendo atualmente a única via: o franco esclarecimento das limitações históricas da situação e a minoração das dificuldades pelo exercício de um espírito de humanidade. Mas, durante a Idade Média erguiam-se neste caminho obstáculos, que ainda hoje não foram sobrepujados. Os cristãos não sentiam a menor vontade de compreender os judeus, e os judeus naturalmente não sabiam como fazer a fim de serem compreendidos num sentido histórico. Além disso, existiam considerações extrínsecas que os levavam ao silêncio. Tinham necessidade de defender a sua situação temporal, juntamente com toda a tradição nacional-religiosa que motivara essa conjuntura. A rendição de uma simples pedra faria perigar toda a estrutura; a admissão de qualquer debilidade era impossível; tal fato serviria apenas para dar uma arma ao inimigo. Ao mesmo tempo, não podia haver uma crítica fundamental vinda do interior, pois na mentalidade medieva levaria apenas ao enfraquecimento e à defecção, mas não a uma reforma. Os instrumentos da crítica lógica e histórica foram usados com bastante profusão contra o inimigo, mas não nos limites do próprio campo: na medida do possível, rebatia-se todo ataque teórico do exterior com uma "palha", isto é, ninguém acreditava realmente no peso dos próprios argumentos. Mas a convicção da justeza da própria posição era tão forte que, aparentemente, ninguém sentia a menor necessidade de debater quesitos individuais com aqueles que não compreendiam. Isso era válido para a questão básica da eleição religiosa, mas também podia fechar a porta à discussão de todos os inevitáveis problemas sociais.

Os judeus, ainda assim, não podiam negligenciar os problemas sociais da época, pois, independentemente das relações com os não-judeus, tais questões também eram sentidas no próprio campo judaico. Onde quer que tenham alcançado qualquer extensão mais considerável, as comunidades judaica foram atacadas pela enfermidade que caracterizava as cidades do *Ancien Régime*. As coletividades cindiam-se em classes e camarilhas; as classes superiores exploravam as inferiores; as comunidades urbanas tiranizavam as rurais. A incômoda situação dos judeus, que estavam sempre na defensiva, trouxe os terríveis julgamentos dos delatores. Famílias ricas afastavam-se da comunidade: na Espanha e Itália, especialmente, tais famílias davam aos filhos uma educação laica e levavam uma vida mundana. Mesmo durante a Idade Média, vozes judaicas ergueram-se contra essas condições, conclamando os judeus a deixarem a cidade pelo campo e exortando os ricos a ensinarem aos filhos ofícios honrados. Inúmeros testamentos éticos e tratados sentimentais pregavam uma vida simples e humilde, uma vida de expiação, ascetismo e penitência. Tais exortações originaram-se entre os judeus *aschkenazim* pobres, que serviam de modelo de piedade; os *aschkenazim* carregaram para o Sul suas admoestações e daí elas foram difundidas pela Europa por grupos de místicos. Para os sinceramente pios, toda a vida terrena e todas as relações comerciais com não-judeus pareciam indesejáveis; a maioria deles abominava os médicos judeus e contratadores de impostos que serviam nas cortes reais e nos Estados estrangeiros.

As palavras não surtiram efeito, mas sobrevieram em seguida grandes perseguições: os esforços para dar às perseguições um significado religioso e moral foram maiores do que para examinar suas origens políticas e sociais. Os morticínios e as disputas induziram as classes mais elevadas, dentre a comunidade judaica, a aceitar a aparente conversão ao cristianismo, deixando as camadas modestas como os únicos defensores da tradição religiosa. As conseqüências de reforma tão violenta surgem com maior nitidez nas regiões onde a pressão externa não permitiu a formação de amplas comunidades judaicas e largo desenvolvimento das relações sociais e econômicas. Nessas regiões, a única ocupação deixada aos judeus era a do comércio de dinheiro, o que produziu dois tipos sociais: o asceta, cujo interesse primeiro é o "estudo", e o prestamista mais ambicioso, que se move no sentido externo, em direção ao mundo. Pode parecer que tal evolução salvou o ideal do ascetismo intrajudaico, mas a dificuldade de intercâmbio com o grande mundo permaneceu imutável.

Os judeus *aschkenazim* pareciam a mais pura encarnação do povo de Deus. Com eles, o velho sistema nacional de ritual, lei e estudos permaneceu vivo, nutrido pelos simples e ingênuos livros de costumes que, tanto quanto a própria tradição talmúdica, pertencia à nação em conjunto. As comunidades com forte estrutura social começaram a escassear cada vez mais e, depois de 1350, desapareceram de todo. Restaram apenas simples agrupamentos de pequenos ou grandes prestamistas devotados, principalmente, ao estudo do Talmud, e atuando como guardiões do legado de seus antepassados. A lei e os costumes preservaram-se primordialmente através de escrupuloso sistema público e privado de "penalidades ajustadas" (multa em lugar de penitência), desenvolvido, segundo tudo indica, sob certo grau de influência cristã-germânica.

Para essa geração não restava, aparentemente, outro objetivo, a não ser o de preparar-se para a hora do martírio. Cantando e dançando, comunidades inteiras entravam exultantes nas fossas onde seriam queimadas. Em elegias que soam como golpes de martelo, os mártires são louvados individualmente e cada um pelo seu nome. Com o período da Peste Negra (cerca de 1350) esses poemas desapareceram, como antes haviam desaparecidos os hinos, nos quais o coral do Céu e o da comunidade do povo de Deus se alternavam, cantando louvores ao Todo-poderoso. A *Ode a Sion* de Judá Halevi teve o seu último e grande eco no poema escrito por Rabi Meir de Rotenburgo (1220-1293), dedicado à incineração do Talmud, à queima da Torá, à volta de cujas cinzas se reúnem os seus filhos enlutados. A Torá agora ocupa o lugar da pátria abençoada. Rabi Meir é um dos poucos judeus *aschkenazim* desse tempo conhecido por haver assumido a direção de uma emigração para a Palestina, em larga escala. Dados os riscos da viagem e o infeliz estado de coisas reinante na Terra Santa, a emigração para a Palestina não era mais reconhecida como um dever; um cabalista do Norte da Espanha, sob influência *aschkenazi*, pôde declarar que os judeus de seu tempo estavam isentos da obrigação de viver na Terra Santa.

Os judeus ibéricos e italianos tinham perdido, há muito, a habilidade de criar uma poesia religiosa capaz de expressar a comunidade toda. Uma interpretação ingênua e direta do destino nacional torna-se cada vez mais rara. A exegese filosófica da época, quando não leva ao ceticismo, ocupa-se do problema das relações entre a fé e o conhecimento, entre a educação judaica e a secular, entre a doutrina judaica e a cristã. O contraste entre o mundo judaico e o grande mundo é reduzido aos problemas escolásticos dos dogmas. A filosofia judaica é impotente quando enfrenta as questões da vida política e histórica. Ao mesmo tempo, porém, muitos judeus ocupam lugares dos mais destacados na vida política e econômica de seus respectivos países. Aqui, o abismo entre a vocação histórico-religiosa e a vida real atinge sua máxima amplidão.

O misticismo tomou a si a tarefa de reforçar a estrutura da tradição, abalada pelo racionalismo e pela polêmica cristã. As controvertidas *agadot* e *halahot* foram reintepretadas em termos místicos, e a existência toda no Galut assumiu o caráter de secreta amostra num processo cósmico de exílio e redenção. O mundo miraculoso da tradição recebeu nova e mágica luz, que parecia envolver num halo os horrores do Galut. Mas o corpo da nação, assim revitalizado, chegava a assemelhar-se, agora, àqueles corpos sobrenaturais, que os mortos adotariam após o Juízo Final e a Ressurreição. A primitiva e ingênua compreensão da existência histórica, radicada na consciência do povo, ocultou-se sob as especulações de pequenos círculos — embora se deva admitir que tais círculos alargaram rapidamente a sua influência. O abismo entre a fé e a realidade da vida foi ampliado pela Cabala, não menos que pela filosofia. A Cabala produziu novas energias, que contribuíram para a conservação dos padrões tradicionais da existência judaica e para a sua justificativa íntima, ajudando, assim, a impedir um colapso prematuro. Talvez tenha evitado, ao mesmo tempo, o restabelecimento de outras forças mais ligadas à vida. Nos seus efeitos práticos, a Cabala fortaleceu unicamente as tendências ascéticas da vida no Galut e a insegurança dos judeus frente às condições reais.

O novo colorido do retrato histórico do mundo já é visível no primeiro representante cabal e autorizado da nova orientação. Rabi Mosche ben Nachman (1195-1270) afirma a indivisibilidade da unidade do povo, terra e Torá, em palavras que datam provavelmente de quinze séculos. Essa doutrina, porém, que brota naturalmente da consciência nacional, adota um caráter mágico, excedendo certas manifestações iguais, assinaladas em Judá Halevi. Revivendo a antiga doutrina astrológica, Mosche ben Nachman explica como as terras do mundo foram divididas, entre as nações e seus "príncipes" e como Israel e seu país receberam um lugar especial no plano do céu e da terra. Os judeus são expelidos da Terra Santa sempre que a maculam com a sua conduta; o país não aceitará senhor que ignore "a lei do Deus do país"; em terras estranhas, os judeus não podem cumprir integralmente a lei e são entregues ao poder dos estrangeiros. Mas o preceito que manda tomar posse da Palestina e proíbe a sua cessão a outras nações, ou a sua entrega à desolação, figura entre as leis que continuam em vigor mesmo no exílio. Mosche ben Nachman, ele próprio, emigrando para a Palestina, deu o sinal para um decampamento.

Por sua atividade na produção de apologias contra os cristãos, Mosche ben Nachman ajudou também a infundir nova firmeza à doutrina do Messias. Seguindo as pegadas de Abraão bar Hiia (1065-1136), escreveu um tratado sobre a redenção, no qual procurou demonstrar que ainda não era chegada a hora e tentou calcular a data do advento do Messias. Mas na disputa diante do rei de Aragão, Mosche ben Nachman declarou que maior, ainda, que as esperadas recompensas na época do Messias, seria a retribuição pelos sofrimentos no Galut, onde o judeu, submetido a toda sorte de vexames, à servidão e à desonra nas mãos das nações, faz do próprio corpo uma oferenda a Deus. Em outra parte, chega mesmo a examinar uma interpretação, segundo a qual, a iniquidade das gerações passadas e presentes levou Deus a estabelecer o Galut, como uma infinita condição terrena: toda a recompensa seria, pois, concedida no outro mundo. Mas Nachman mantém-se firme na esperança da redenção, porque ela é prometida na Bíblia e porque a efetiva realização das leis — assim, da real beatitude — só será possível no tempo do Messias. Só então a dúvida terá fim. Além disso, é da natureza do homem o desejo de ver o triunfo da verdade na terra; essa vitória também é requerida para a santificação do nome de Deus.

Mais tarde, dadas as necessidades da apologética, efetuou-se, mesmo, uma tentativa de reduzir a doutrina do Messias à patente de artigo de fé secundário. Há fortes motivos para se crer que as pesonalidades dirigentes entre os judeus, que aparentemente apoiavam tais interpretações, visando assim a preservar o judaísmo, na realidade pensavam de modo inteiramente diverso. Mas é notável que tais opiniões pudessem ser expressas. E se o pobre começava a duvidar da redenção, o abastado principiava a zombar dela: Emanuel de Roma (1300) dirige-se ao Messias, num poema, recomendando-lhe que viesse montado num cavalo relinchante para libertar o povo; se insistisse em aparecer no pequeno burrico prometido, faria melhor se continuasse ausente. Na mesma geração, um apóstata espanhol atribui aos judeus a afirmativa de que as suas dificuldades no Galut não eram muito graves; mesmo sob um rei judeu, teriam de pagar impostos, teriam de trabalhar, em vez de viverem como parasitas dos gentios e, ademais, teriam de cumprir todas as leis que não são obrigados a obedecer na Diáspora. Por toda essa razão, prossegue o renegado, os judeus doutos maldizem o **Papa** e os príncipes cristãos: estes não oprimem os judeus com a severidade necessária para forçar o indiferente, impelindo-o de volta a seu credo.

8. O FIM DA IDADE MÉDIA

O FIM da Idade Média, como a era das Cruzadas, marcou uma completa transformação na situação externa dos judeus. Eles foram afugentados da Espanha, Portugal, Sul da Itália e de muitas cidades e territórios da Alemanha. Ao mesmo tempo, a guerra entre a cristandade e os turcos despertou esperanças escatológicas, e a Turquia ofereceu novos locais de refúgio aos emigrados judeus — particularmente, proporcionou novas possibilidades de fixação na Palestina. Para os judeus da Europa, o fim da Idade Média constituiu o término de um período de perseguições, iniciado com o desenvolvimento da escolástica e o aparecimento, no décimo terceiro século, das ordens mendicantes. Os frades mendicantes difundiram uma versão do cristianismo, ascética, teocrática e, em parte, escatológica, propagando-a especialmente entre as populações das cidades, e souberam usar as acumuladas causas de atrito social, nos centros urbanos, para a sua luta contra os judeus. Em certas áreas e em certas gerações, as populações rurais foram, igualmente, conquistadas para essa causa. As tendências ascéticas e, conseqüentemente, o ódio contra os judeus, adquiriram influência decisiva na política dos governantes europeus. Tais forças provocaram os editos de expulsão da França, Inglaterra, Sul da Itália, as perseguições na Alemanha e na Espanha no décimo terceiro e décimo quarto séculos, e as indizíveis desordens do décimo quinto século.

Encontramos poucas expressões diretas da reação interna dos judeus, diante das experiências da época, e a maioria de tais expressões vem da Espanha. Lá, as perseguições de 1391 entregaram grande parte das comunidades judaicas à espada ou ao batismo forçado, e os anos seguintes trouxeram a mais pavorosa intolerância religiosa. A Disputa de Tortosa, que durou cerca de dois anos (1413-1414) e que foi acompanhada de atos de violência e de rigorosa pressão moral, levou muitos judeus à pia batismal, entre os quais figuravam quer membros da intelectualidade, quer gente simples do povo. Famílias inteiras viram-se divididas, contra a vontade, nessa batalha de credos. Aqui, a tragédia do Galut produziu suas mais extremadas conseqüências práticas e teóricas. A forte deserção das fileiras judaicas era, em parte, fruto de uma atitude tipicamente medieval diante dos eventos da história: as catástrofes eram sinais do céu — podia-se ler a vontade de Deus nessas ocorrências. Deus abandonara o seu povo, e era de Sua vontade que ele se curvasse ao destino, aceitando o batismo. E houve muitos que, embora se recusando a dar esse passo final, caíram nas profundezas do desespero, até que se tornaram "como escravos". "Perdemos nossas esperanças de liberdade", escreveu Josef Albo (depois de 1415), "e procuramos unicamente sobreviver no Galut, com a nossa pobreza e nossa degradação".

Ao mesmo tempo, os velhos cálculos messiânicos reapareceram. E, pela primeira vez, desde as Cruzadas, realizou-se considerável movimento de emigração para a Palestina, movimento que, após a metade do décimo quinto século, assumiu um caráter de massa. Nos círculos ao redor Hasdai Crescas (faleceu em 1412), ainda naquele tempo, surgiu aparentemente, a idéia de que os judeus poderiam estabelecer, na Palestina, uma comunidade sob a jurisdição dos mamelucos egípcios, nos moldes do segundo Estado judaico. Mas o labor principal desse grande homem e de seus amigos foi dedicado à restauração das coletividades judaicas na Espanha. As fontes da catástrofe de 1391 foram procuradas, exclusivamente, nas deficiências internas: o devastador racionalismo religioso, a falta de força interior, a deterioração do sentimento comunitário, o ódio mútuo e a estreiteza da chefia política. Os esforços educativos eram, agora, devotados principalmente à polêmica religosa.

No campo cristão, desenvolveu-se neste tempo o mais radical programa de reforma que a Idade Média produziu. As primitivas tendências da Igreja uniram-se ao velho desejo dos Estados, de arruinar os judeus economicamente, destruir a sua autonomia comunal e reduzi-los à condição de párias, proibindo-se-lhes todo e qualquer intercâmbio com a coletividade cristã. Este programa jamais foi totalmente executado. Pouco tempo depois, com o aparecimento dos *conversos* (*anussim*, cristãos-novos, marranos), a "questão judaica" assumiu aspecto inteiramente novo. Os batismos em massa não produziram o efeito desejado: na grande maioria, os judeus batizados continuavam os mesmos homens de antes. Aqui, pela primeira vez, vemos todos os efeitos posteriores das cadeias seculares da opressão política e do ascetismo religioso, cadeias que permaneceram, mesmo depois de exteriormente removidas. Em muitos sentidos, os marranos naquele tempo assemelhavam-se aos judeus ocidentais de nossa época. Mas os que então procuravam imergir na comunidade cristã foram afugentados pelo medo da morte e por agudas pressões físicas. Para eles, não era uma questão de gradual obliteração de uma cultura e de laços sociais, como é hoje em dia, mas, antes, de uma súbita e completa inversão de fé e a divisão intíma, na mente do judeu batizado, não era motivada por suas dificuldades na tentativa de se "assimilar", mas por reais dúvidas religiosas. Evidentemente, não podemos avaliar quanto sentimento nacional instintivo havia na fidelidade dos marranos à religião de seus antepassados. Mas, pela primeira vez na história, surgiu um numeroso grupo de homens que não podiam ser considerados judeus em termos religiosos, mas que, obviamente, se expressavam como judeus em todos os costumes, no comportamento econômico e na tendência de levar uma vida própria, apartando-se dos cristãos. Resultou daí que o ódio contra os marranos, na Espanha, assumiu a forma de um real anti-semitismo racial. Este não parecia mais uma questão de convicção ou de teorias gerais de história: a experiência da vida, aparentemente, demonstrava agora que entre os dois povos havia uma inextirpável incompatibilidade, impedindo que os judeus se misturassem com os espanhóis. Conseqüentemente, fizeram-se tentativas de excluir os judeus, não só dos conselhos nacionais e municipais, mas, até mesmo, dos cargos eclesiásticos e da participação nas congregações. Tais propostas para a eliminação dos judeus eram apoiadas pela alegação de que não se podia confiar neles, em se tratando de assuntos relativos à fé cristã, mas eventualmente todos os argumentos reduziam-se à questão da "pureza de sangue" e os espanhóis começaram a examinar a linhagem de famílias que estavam prestes a submergir de todo na comunidade cristã. Isto constituía contravenção direta à doutrina da Igreja: os ortodoxos combateram violentamente tal atitude que jamais foi aceita fora da Península Ibérica.

Na Espanha e em Portugal, o problema dos marranos criou uma literatura anti-semita que, mesmo em seus detalhes, se assemelha à sua contraparte moderna. Tal literatura fala do judeu assimilando nos seguintes termos: ele é niilista e libertino em matéria de religião; desposa o credo que lhe traz mais dinheiro; trama a subversão e a destruição da comunidade cristã; o judeu macula o puro sangue hispânico; vive como parasita na Espanha e emigra para a Palestina com o dinheiro tomado dos cristãos. Os panfletos distribuídos na época apresentam estreita semelhança com os *Protocolos dos Sábios de Sião*. Um franciscano espanhol escreveu esta obra monumental do anti-semitismo religioso, o *Fortalitium fidei* ("Fortaleza da Fé"), que é o mais antigo exemplo de uma "história" anti-semita, relatando, em ordem cronológica, as "atrocidades" cometidas pelos judeus e as "derrotas" por eles sofridas. Esse livro, inicialmente impresso em Estrasburgo e Nuremberg, na sétima e oitava década do décimo quinto século, não deixou de influir no movimento anti-semita do período da Reforma. Dificilmente podemos, pois, nos surpreender com os modernos anti-semitas por terem recorrido, com satisfação, a essa literatura que conhecem, diga-se de passagem, apenas de maneira muito limitada; naquela época, como hoje, o ódio pintava os seus objetos com as cores dos mais grosseiros exageros. Para o observador moderno, contudo, o problema judaico na Espanha do décimo quinto século indica tão-somente a terrível inevitabilidade dos conflitos históricos, que aparentemente se renovam sempre em novas formas.

Mas os anti-semitas ibéricos da época ainda encaravam a questão judaica como um problema religioso: os políticos sentiam-se no dever de proteger a sua gente contra a infecção religiosa que vinha dos judeus, preservando, assim, a pureza racial e religiosa do povo espanhol. Depois que várias meias medidas foram aplicadas, os assim chamados Reis Católicos encarregaram-se de pôr em prática a solução radical. No curso de doze anos, um passo foi seguido de outro, até que os judeus espanhóis viram-se, inteiramente, separados do corpo do povo espanhol. Os judeus foram expulsos das províncias onde seu número era elevado. A Inquisição foi reorganizada; dia após dia, numa atividade incessante, ela passou a queimar cristãos-novos sem a menor culpa política ou civil, inocentes de qualquer crime exceto o de "judaizar". Comunidades inteiras viram-se diante da barra do tribunal, sob a acusação de tramar a subversão do cristianismo; organizaram-se julgamentos por crimes de morte ritual, empregando-se contra os judeus todo o fantástico estoque medieval. Tudo isso, e finalmente a expulsão de 1492, foi obra das ordens dos franciscanos e dominicanos. E a sua execução contou com o silêncio ou com a aprovação declarada do mundo culto da Europa — e, no melhor dos casos, houve apenas ocasionais expressões de irresoluta simpatia.

9. ISAAC ABRAVANEL

As crônicas e as obras autobiográficas e escatológicas desse tempo fornecem escassas informações sobre o que ia pelos corações dos judeus, no decurso destas terríveis e revolucionárias experiências. A única figura judaica cujos escritos podem proporcionar qualquer satisfação real à curiosidade do moderno historiador é a de Isaac Abravanel (1437-1508).

De 1483 em diante, Isaac Abravanel viveu na corte dos Reis Católicos, e, em 1492, ele e sua família marcharam nas fileiras dos exilados. Possuía uma educação humanística e estava melhor dotado do que a maioria para chegar a uma expressão histórico-política de suas idéias. Em essência, porém, permaneceu atado aos padrões medievais de pensamento. Procurou esclarecer as questões que o premiam, escrevendo volumosos comentários bíblicos e tratados "messianológicos". Coletou os materiais da tradição religiosa e filosófica medieval, limitando-se a repô-las em suas bases histórico-escatológicas; nisto, Abravanel assemelha-se a Judá Halevi, cujo vulto, porém, é bem maior.

Podemos considerar Isaac Abravanel uma das figuras centrais no desenvolvimento das idéias históricas do judaísmo. Sua influência foi decisiva na apologética judaica do décimo sexto e décimo sétimo séculos, sendo citado como autoridade pelos teólogos e políticos cristãos da época: ao mesmo tempo, os modernos eruditos judeus, de modo característico, dedicaram grande atenção à sua obra. No seu método de comparar a tradição judaica e a tradição cristã-humanística, Abravanel antecipa todas as tendências do humanismo judaico do décimo sexto e décimo sétimo séculos, sendo o verdadeiro fundador da ciência do judaísmo. Abravanel e seus seguidores vêem o problema do judaísmo exatamente nos mesmos termos em que é formulado na literatura judio--helenística. Adicionam, apenas, o maciço material da tradição talmúdica e medieval e não dissimulam mais — pelo menos nos escritos do próprio Abravanel — as esperanças escatológicas provocadas pelas experiências da época, esperanças que são antes apaixonadamente expressas e meticulosamente demonstradas.

As obras exegéticas de Abravanel, escritas no decorrer das maiores vicissitudes da história judaica, fundam-se num retrato histórico preciso da eleição e redenção de Israel. Segundo ele, os primeiros capítulos do Gênesis são um relato da queda do homem do estado natural ideal, queda essa motivada pelo desenvolvimento da agricultura, artesanato e comércio, pelo estabelecimento da propriedade privada, pela criação dos Estados, pela divisão da humanidade em diferentes nações e pelo aparecimento de idiomas artificiais, substituindo a língua-mãe, o hebraico. No curso desse descenso do ideal, apenas o Povo Judeu, o ancestral das demais nações, conservou a sua primitiva elevação. Enquanto erraram no deserto, os judeus mantiveram-se, graças aos meios proporcionados pela natureza e por Deus. Mas, no seu próprio país, permitiu-se-lhes fazer o devido uso dos produtos supérfluos da civilização.

A Torá é o corpo ideal da lei. Essa antiga idéia surge em todos os escritos da apologética helenística e medieval que a demonstram detalhadamente; mas nas obras de Abravanel, tal pensamento adquire uma significação bem mais realista, graças à sua educação histórico-política e à sua experiência de homem da corte. Para estabelecer termos de comparação, realiza amplos esboços das instituições dos Estados da Península Ibérica e das cidades-Estados da Itália. Para ele, a lei mosaica, rejeitando a monarquia e seu cortejo de males, abrange os melhores elementos de uma constituição republicana sob os auspícios divinos. A lei mosaica não só permite o cumprimento dos direitos humanos, mas também amplia a área de tais direitos, através do princípio da divina misericórdia e, ademais, regula as relações entre Deus e o homem, que escapam aos quadros da lei natural. O valor da justiça terrena é plenamente reconhecido pela identidade aqui estabelecida, pela primeira vez, entre a lei natural e as leis de "Noé" (Os sete princípios morais básicos, através de cuja observância todos os homens — todos os descendentes de Noé — podem conquistar a salvação). Assim, Abravanel junta a enriquecida experiência histórica às idéias que, embora bastante comuns à literatura medieval do judaísmo, jamais foram elevadas acima do normal. Nos seus escritos, a esperança de uma rápida realização do mundo ideal recebe um apoio realista.

Abravanel analisa a narrativa bíblica com todos os instrumentos do saber humanístico. Essa seção de seu histórico trabalho era, naturalmente, o mais importante aos seus próprios olhos, mas nós só podemos nos preocupar com ela na medida em que esclarece a maneira de seu autor tratar a história do Galut. Não dispondo de autêntica base documental, como no caso da Bíblia, Abravanel, a despeito de sua ampla — embora sempre superficial — erudição histórica, mostra-se tão indefeso diante do problema do Galut como o resto do judaísmo medieval. Em geral, o seu relato do Segundo

Templo segue o Iosipon apresentando o caráter de um episódio na história dos judeus. Após a destruição do Segundo Templo, a história judaica parece destituída de bases reais. A fonte profunda dessa debilidade do pensamento histórico surge com maior nitidez em Abravanel do que em seus predecessores: as causas que operam na história judaica diferem das causas que atuam na história das nações.

Abravanel acerca-se das belezas da Grécia e da heróica grandeza de Roma com todo o entusiasmo de um humanista — um entusiasmo, na verdade, que jamais afeta o seu amargo ódio em relação a Roma e aos Papas. Utiliza os padrões causais e estéticos do humanismo para julgar as constituições e as literaturas da Grécia e de Roma, assim como utiliza tais padrões para julgar os Estados e as constituições de seu próprio tempo. A lei natural, que determina a história das nações, encerra grandeza e beleza. Pode-se ver essa mesma lei natural, operando até na história do primeiro Estado judaico, embora se apresente ali modificada pela divina mercê. Mas, como o Galut, a história judaica abandona finalmente os limites da lei natural, e o poder espiritual do judaísmo sobrevive à morte gradual de sua força física. Esse fato é único na história das nações. Tróia foi aniquilada, mas os judeus sobreviveram à destruição de sua pátria.

Não obstante, a missão histórica dos judeus está ligada aos atributos naturais da nação. A consciência nacional judaica de Abravanel não se nutre apenas no pensamento do Midrasch e do *Cuzari;* ela toma, do saber humanístico e das experiências de sua época, um novo colorido. Para Abravanel a singular posição da nação judaica está prefixada nos dois primeiros livros do Pentateuco. Os filhos de Israel não eram grupos dispersos, eventualmente reunidos pela religião; ao contrário, Israel foi gerada pela escolha de Deus, de um só sêmen. A religião judaica difere da cristã e da maometana pelo fato de não abarcar povos e Estados diversos. Mas o credo de Israel defendeu o povo eleito da mistura com nações alienígenas. Aqui, pela primeira vez, a significação da idéia nacional na história judaica é expressa à luz do moderno realismo.

A influência do problema dos marranos, que Abravanel aborda explicitamente em outra parte de sua obra, é indiscutível. Os judeus estão presos por sua origem, mesmo contra a sua vontade. Iludem-se os judeus que pensam poder sumir nas nações, participar do seu destino casualmente determinado e escapar à sobrenatural intervenção de Deus. "Eles dizem a si próprios que podem ser como as nações da terra, e como elas curvar-se diante da madeira e da pedra, mas isso não sucederá; com a mão forte e o braço estendido e, com uma cólera terrível, Eu governarei sobre ti". "Tu és Meu, e por necessidade serás Meu", diz Abravanel aos marranos. Rebanho algum de Deus pode fundir-se com outros povos. O tempo não pode modificá-lo; ele ou os que vierem depois dele regressarão ao redil. Essa teologia nacional não é, de modo nenhum, incompatível com a aceitação integral de prosélitos, assim como não foi no judaísmo mais antigo: aqueles que se reúnem a Israel em tempos de sofrimentos terão uma parte igual na distribuição messiânica da terra da Palestina.

Uma vez assim expressa a especial posição dos judeus na história, as contemplações escatológicas de Abravanel deixam pouco espaço para um exame realista das condições de vida no Galut. Nos poucos lugares onde Abravanel se preocupa com os efetivos ataques à vida judaica de seu tempo, ele cai nas fórmulas das apologias correntes. Abravanel não sente o menor interesse pela crítica interna. Para esse humanista culto e estadista prático, o problema judaico continua totalmente dentro dos quadros da eleição e redenção.

A eleição condiciona o Galut, e o Galut envolve certos males sociais que desaparecerão automaticamente com a iminente redenção. Uma característica do Galut, por exemplo, é que os judeus vivem apenas do comércio e do artesanato; a redenção provocará o retorno à existência natural agrícola. Para Abravanel, como para os *aschkenazim* de seu tempo, a vida econômica anormal dos judeus surge como uma espécie de precondição necessária, para a prática do ascetismo e para a devoção ao estudo da Torá. Abravanel ignora inteiramente o fato que, ele próprio, vivendo na Espanha e Portugal, cresceu em condições bem mais amplas e saudáveis. Ele encontra mesmo um sentido providencial na dedicação judaica ao comércio: essa atividade conquista para os judeus a boa vontade das nações, que necessitam de suas mercadorias, proporcionando, ao mesmo tempo, as bases para a existência judaica no Galut. O estatuto legal dos judeus também é providencial: eles são servos dos monarcas, mas não seus escravos particulares, estando, pois, assegurados contra o aniquilamento. E por misericórdia de Deus, os judeus têm estado dispersos, principalmente entre povos monoteístas, que têm de prestar aos filhos de Israel certo grau de consideração. Abravanel não vê necessidade de qualquer discussão ulterior sobre esse ponto: o Galut está chegando ao fim.

Como Judá Halevi e Mosche ben Maimon, Abravanel mostra certas tendências para uma visão histórica evolucionista do Galut. Tais tendências também desenvolvem a linha da antiga tradição escatológica. Se o Midrasch distingue três períodos na história do mundo e fala dos últimos dois mil anos como o "tempo do Messias", isto, segundo Abravanel, significa o tempo de duração do anseio da humanidade pelo Messias. O aparecimento de Jesus, de Bar Koziba, de Maomé e dos falsos Messias judeus dos séculos posteriores, é uma prova da justeza dessa interpretação. É "como se a natureza da época levasse a mente humana a desejar o advento do Messias. E, embora tudo isso possa ser atribuído à falsa imaginação, houve, indubitavelmente, um decreto mais alto sobre o envio do Messias nestes últimos dois mil anos, e as palavras de Deus foram ouvidas, de tal forma que os homens comeram frutas verdes e puseram-se a correr tolamente à frente do tempo. E isso veio de Deus para anunciar ao mundo todo a chegada do Messias-Rei, a fim de que as bocas e os corações humanos dele se enchessem, ainda que através do erro e do caminho ilusório". Uma significação análoga é atribuída ao crescimento dos movimentos heréticos, entre os cristãos, no fim da Idade Média. Abravanel também não deixa de apontar que um dos propósitos suplementares da dispersão dos judeus é a disseminação, direta ou indireta, das idéias religiosas judaicas entre as nações. Mas jamais ousa interpretar o "tempo do Messias" simplesmente como vago retrato de um gradual desenvolvimento. Abravanel não consegue conter sua ira, quando fala dos cristãos e dos renegados judeus que tentam fazer interpretações alegóricas das palavras dos profetas messiânicos. Para ele, não existe a mínima dúvida de que todas profecias serão cumpridas no sentido mais literal dos termos.

Se Abravanel lançou mão de materiais relativos à história do Galut foi, principalmente, com o fito de descobrir as etapas que levam ao esperado fim. Usava um esboço da história do Galut delineado por judeus espanhóis, vários séculos antes de sua época. Essa crônica é incompleta e legendária, mas Abravanel não procurou provar a sua veracidade nem completá-la com uma crônica das épocas anteriores. O seu principal interesse — como provavelmente foi o de seus antecessores, que trabalharam numa direção similar — era as conseqüências escatológicas da crônica. Essa crônica tratava das grandes expulsões de judeus dos Estados europeus a partir do século treze, e Abravanel podia ter adicionado a experiência histórica de seu próprio tempo. Para ele, a expulsão dos judeus dos territórios da Coroa espanhola, das várias cidades e territórios alemães e italianos e do principado de Kiev são as últimas etapas do processo histórico que se move em direção dos tempos messiânicos.

Estas não são especulações de eremitas, eruditos e extáticos ou grupos sectários. Elas são as idéias e as convicções que naqueles dias preocupavam toda a nação judaica ou, pelo menos, a gente piedosa que as sustentavam firmemente e as lançavam em amplas agitações populares, semelhantes ao movimento de Sabatai Tzvi. Mas não havia outro judeu na época que pudesse exprimir tais idéias com tanta cultura e relativo estudo, e ao mesmo tempo com um *pathos* tão profundo e visionário. "Nos últimos trinta e dois anos", escreve Abravanel em 1496, "coisas tão terríveis sucederam a Israel, como nação alguma jamais suportou e olho algum jamais viu, desde que o homem vive na terra; e nenhum poder de imaginação pode avaliar o peso dos sofrimentos que caíram sobre todos que levam o nome de Israel". Isso, para ele, significa que o processo de redenção já começou. Com este ponto de vista, Abravanel não pode ter interesse nas causas reais, primárias ou secundárias, que conduziram às expulsões anteriores ao Edito de 1492. De outro lado, um homem tão experiente e prático, como Abravanel, não pensou jamais em fazer qualquer esforço para melhorar a situação dos judeus, ou em realizar qualquer preparação externa para a sua redenção. Não havia necessidade de tentar melhorar as condições, pois a redenção já estava a caminho. E Deus sozinho determina as etapas individuais no processo: aos judeus, não era permissível que se livrassem sozinhos do Galut antes do tempo indicado.

Os cristãos da época relatam como em julho de 1492 os exilados judeus espanhóis, encorajados por seu líder espiritual, saíram cantando de suas casas, dirigindo-se ao mar, na expectativa de ver uma segunda partição das águas. O milagre não teve lugar, devia, pois, ocorrer em outra época. E o idoso Isaac Abravanel nem sequer viajou para as terras da Palestina, de cujo messiânico e milagroso poder ele próprio, durante tanto tempo, procurara convencer os céticos.

10. A NOVA ESPERANÇA DE REDENÇÃO

Desta vez a redenção parecia ter realmente chegado. Perto de 1560, um rabi de Safed, no curso de uma decisão puramente jurídica, pôde escrever: "Nenhum judeu, há setenta anos, vive na Espanha, e estamos certos que judeu algum tornará a fixar sua tenda lá, pois Deus, dentre em breve, reunirá os dispersos remanescentes de seu povo de Israel".

Eram principalmente judeus espanhóis, entre eles os marranos, que encabeçavam os movimentos para acabar com o Galut. Tendências profanas e as mais vigorosas correntes religiosas trabalhavam conjuntamente. O desenvolvido senso político e as diferenciadas habilidades econômicas dos judeus *sefaradim* exerceram uma influência decisiva nos esforços práticos para reconstruir a Palestina. No décimo sexto século, estadistas judeu-hispânicos a serviço da Turquia realizaram a primeira compra considerável de terras na Palestina para fins judaicos. Os marranos espanhóis também foram os únicos, dos quais se pode dizer que tentaram influenciar os negócios internos e externos dos governos da época, num esforço para levar à prática uma espécie de política internacional judaica.

De outro lado, a necessidade de expiação impelia os marranos ao solo purificador da Terra Santa. Tal necessidade também está por trás dos esforços para restabelecer o Sinédrio. Os que, na Espanha, haviam abjurado à sua fé sob a ameaça da força e violado os mandamentos, desejavam uma autoridade devidamente constituída e creditada para impor-lhes as penitências terrenas previstas no Talmud e salvá-los, assim, do castigo celeste. Mas os olhos dos crentes fixavam-se, na realidade, em um objetivo mais elevado do que esse. Desejavam pôr em prática os ensinamentos do Rabi Mosche ben Maimon, segundo o qual o restabelecimento das ordenações e o de uma suprema corte judaica na Palestina constituíam os pré-requisitos necessários à redenção. O fracasso de tais esforços mostra apenas como as relações espirituais do judaísmo com a Palestina haviam dado, nos trezentos anos decorridos, um passo além do sólido terreno da realidade. Para Maimônides, o *Nasi* em Eretz Israel era uma figura real, que ainda podia pretender certo grau de autoridade, até o tempo da Primeira Cruzada, e cujas funções podiam ser revividas ou mesmo ampliadas. Entre os buscadores de redenção, do décimo sexto século, esses fatos estavam há muito esquecidos. Os seus conhecimentos históricos vinham unicamente do Talmud, segundo o qual a ordenação foi dissolvida no quarto século, com a vitória da Cristandade. Na interpretação cuja autoridade era aceita, a ordenação só podia ser restaurada pelo profeta Elias. Conseqüentemente, era impossível todo pensamento sério sobre uma preparação terrena para a redenção. Assim, a Palestina tornou-se, cada vez mais, um centro de penitência religiosa individual, o refúgio de irmandades místicas e piedosas, que procuravam apressar o fim através da meditação, do mútuo controle moral e das boas obras. O tremendo crescimento do cabalismo colocou o problema do Galut num quadro cósmico e metafísico tão amplo que finalmente não foi mais possível retornar à realidade. O lirismo religioso, novamente desperto nessa atmosfera, possuía o encanto especial de encontrar no destino judaico alusões às divinas emanações: mas esse destino dificilmente deve sua grandeza aos impactos diretos da experiência histórica.

Após algumas gerações, em que predominou tal entusiasmo, a Palestina perdeu, mais uma vez, a significação política para a Diáspora. Eretz Israel é a "Terra Santa", cujos "mensageiros de Deus" ampliam e fortalecem a fé entre os dispersos, mas cujas comunidades são alentadas pelo sustento da Diáspora. Sob o véu de um excitamento místico, condensado com a máxima intensidade possível, os judeus na Palestina lutavam, como lutam na Diáspora, pela mera existência cotidiana, e gradualmente afirmaram-se os instintos racionais, devolvendo aos judeus a consciência das condições naturais de suas vidas.

11. O PRIMITIVO (NÃO-CÉTICO) RACIONALISMO

A MESMA época que testemunhou tão exaltado desenvolvimento dos ensinamentos místicos, produziu também as primeiras tendências para um exame científico e crítico do judaísmo. O Renascimento e a Reforma deram origem, na Europa, ao estudo comparado das religiões, que devia preparar o terreno para uma tolerância moderna e cientificamente fundamentada. A princípio, na verdade, encontramos apenas limitadas manifestações de respeito para com a religião judaica e seus seguidores. Os eruditos cristãos interessavam-se pelos judeus de seu tempo, porque viam neles os legítimos e vivos herdeiros do antigo judaísmo. Mas, de um modo essencial, o saber religioso da Renascença continuou a trilhar as tendências das polêmicas cristãs medievais, dirigidas contra os judeus. Os eruditos do Renascimento tentaram descobrir verdades cristãs ocultas nos escritos religiosos judaicos, e assim proporcionar um apoio douto à propaganda cristã entre os judeus. No todo, a visão medieval a respeito do judaísmo manteve-se em vigor. Os judeus eram reconhecidos como um povo escravizado, mas um povo cuja existência não mais possuía uma base metafísica evidente e isto, conseqüentemente, tinha de ser eliminado, no sentido medieval, através do batismo. Apenas os meios de persuasão tornaram-se mais humanos, mais eruditos, mais tolerantes.

Em tais circunstâncias, não é de se admirar que os próprios judeus hajam sentido um impulso análogo, desejando comparar a sua tradição à tradição clássico-cristã, com o fim de lançar as bases de uma ciência do judaísmo visando à apologia. Figuras tão diferentes como Isaac e Judá Abravanel (1460-1535), Elias del Medigo (1460-1535) Salomão ibn Verga (fins do século quinze), Guedaliá ibn Iahia (século dezesseis), Azariá de Rossi (1513-1578), e Judá Arié Modena (1571-1648) trabalharam nestas linhas, entrando, assim em íntimo contato com os sábios cristãos de seu tempo. Mais tarde, os marranos dos Países Baixos prosseguiram na mesma direção e até os *aschkenazim* não permaneceram indenes.

Os eruditos judeus trouxeram os tesouros da literatura judio-helenística de volta à consciência de seu povo e incorporaram as idéias desta literatura à tradição rabínica da Idade Média. Entretanto, as condições políticas da época impediram que adotassem a tendência propagandística de seus antepassados helenísticos. Não podiam estruturar, como os cristãos, a sua nova erudição científica numa força ativa; foram forçados a conservá-la dentro das limitações da apologética. Nos debates com os cristãos, a esperança messiânica ainda convergia, primariamente, para a esperança de libertação política direta. A crítica filológica-histórica era empregada como defesa contra calúnias específicas. Um sentido de crítica histórica notavelmente elevado foi utilizado no estudo de problemas, tais como a origem da mentira da morte ritual, os relatos dos Evangelistas sobre o julgamento de Jesus, o contestado testemunho de Josefo relativo a Cristo e o tratamento do judaísmo nos escritos de Tácito. Todos os autores judeus desta era proclamaram, em uníssono, a sua lealdade ao Estado e aos seus governantes. Azariá de Rossi, na sua obra puramente filológica e de antigüidades *Meor Enaiim* ("Lu:

dos Olhos"), escrita entre 1571 e 1575, dedica uma seção inteira à reunião de todas as passagens na literatura helenística, (com a qual sentia afinidade espiritual) que expressavam lealdade ao Império Romano, ao Imperador e aos reis helenísticos. Esse material foi usado, com muita freqüência, na literatura apologética ulterior. Azariá tenta defender os judeus da acusação de que o ideal messiânico está ligado a idéias de revolução política. Os judeus, escreve ele, não podem tomar parte nas rivalidades políticas das nações: eles oram pela paz do mundo todo. Os tempos messiânicos hão de se revelar qual súbito milagre espiritual, mais ou menos como Filo esperara. Azariá revive a idéia helenístico-judaica de que o mandamento "Não injuriarás a Deus" (Ex. 22:27) requer o respeito à religião dos outros. Assim, um espírito de humanidade prevalece por toda parte.

Em seu caráter interno, a crítica histórica e filológica preocupa-se apenas com certas tendências literárias e tradições que não tocam os fundamentos do sistema talmúdico. Judá Arié Modena chega ao auge em sua crítica à Cabala, no livro *Ari Nohem* ("O Leão Ruge"), escrito em 1639, mas suas observações não são novas, e o autor possivelmente não acreditava que estivesse atingindo com seus reparos o judaísmo tradicional. Judá Arié ataca certas práticas isoladas e notoriamente modernas, não hesitando em zombar de determinadas peculiaridades exteriores dos judeus; e fazendo, ao mesmo tempo, algumas reflexões acerbas sobre o orgulho nacional judaico. Porém o mais zeloso dos zelosos apologistas judeus de então é também o autor da tocante observação, que remanesceu na consciência judaica desde a Idade Média: a religião dos judeus é uma religião de crianças. "Pois Israel é uma criança e por isso Eu o amo." (Os. 11:1). Judá Arié Modena e os que pensavam como ele foram censudos, com grande injustiça, por sua hipocrisia e falta de fé. Ele e a maioria dos que compunham seu círculo viviam com toda convicção, segundo os elementos básicos do judaísmo talmúdico; mas as correntes críticas e realistas da época exerceram neles inevitável influência. A tendência crítica não surte efeitos catastróficos na massa das tradições, mas revela, pelo menos, a longamente dissimulada disparidade existente entre as convicções religiosas dos judeus e os fatos reais da vida.

É inegável, porém, que esse primitivo racionalismo encarna certo auto-aviltamento e certa autozombaria: as debilidades dos judeus são confortavelmente expostas. Determinados elementos da vida religiosa judaica, considerados como abusos, são ridicularizados a partir da idéia de que tal crítica pode contribuir para salvar a religião judaica como um todo. Mas não se sugere reforma alguma, quer religiosa quer política: tudo está em mãos de Deus, cuja vontade inescrutável decretou a servidão dos judeus e todas as conseqüências desse cativeiro.

Por aí talvez se explique a total inconsciência do grupo em todas as questões políticas e históricas — o que de fato, permanece como característica do racionalismo judaico. Tal coisa é particularmente aguda numa época que presenciou o aprofundamento do pensamento histórico e político. As crônicas judaicas desse período mostram, no máximo, um certo grau de interesse pelos materiais com os quais operam. Mas isso jamais as conduz a um tratamento mais profundo, nem a uma história de igreja ou de seitas, como a do autor cristão Basnage (1653-1723), que escreveu no início do décimo oitavo século. Não surgiram, também, novas idéias acerca do processo da história judaica em geral. O que a época tinha a dizer sobre o assunto encontrava-se, com maior clareza, nos escritos Abravanel; todas as especulações ulteriores foram deixadas aos místicos. As obras apologéticas preocupavam-se apenas com pontos individuais, suscetíveis do exame em termos teológicos e literários. O manejo das questões políticas e legais permaneceram em mãos de homens práticos, e os interesses materiais dos judeus eram defendidos em documentos políticos que eram enterrados nos arquivos oficiais.

Os estudos históricos e jurídicos da situação dos judeus, que apareceram em todos os países europeus, a partir do décimo sétimo século, foram de iniciativa exclusiva dos cristãos — e, em geral, para fins anti-semitas ou de taxação. Na literatura judaica remanescente, relativa àquela era, há dois livretos, muito desiguais, que se destacam do resto. Neles, as realidades do destino judaico são vistas com maior profundeza e com maior compreensão.

12. SALOMÃO IBN VERGA

SALOMÃO ibn Verga, mais jovem do que Abravanel, quando muito uma geração, tendo pois crescido quase nas mesmas condições históricas, foi o autor do primeiro exame crítico dos conceitos judeu-espanhóis que circulavam em meios próximos ao mundo da alta política. Em 1492 emigrou para Portugal com outros exilados; de 1497 a 1500 parece ter vivido em Portugal e exteriormente conformado à coerção de professar o cristianismo; Ibn Verga morreu na Itália. Neste país aparentemente tomou conhecimento das idéias de homens como Guicciardini e Maquiavel, e pode-se demonstrar que, ao escrever o livro *Schevet Iehuda* ("Vara de Judá"), na segunda década do século dezesseis, Ibn Verga tinha diante de si uma novela moral e política de um autor espanhol amplamente lido na época. *Schevet Iehuda* é uma espécie de antologia de ficção, reunindo a história à poesia, o humor à mais amarga seriedade. O que realmente preocupa o autor é facilmente discernível, apesar da moldura ficcional. O livro tenta efetuar uma análise das causas reais e psicológicas da expulsão dos judeus da Espanha, bem como um exame de todo o problema das origens do anti-semitismo e das desgraças políticas que têm perseguido os judeus em todas as épocas. O autor junta o material da apologética, prática e teórica, dos séculos que o precederam, ordena-o e com a compreensão política de um estadista do Renascimento, submetendo-o à prova levemente satírica do ceticismo italiano.

Abravanel já havia manifestado certa tendência para analisar o primeiro — e, em certa extensão, também o segundo — Estado judeu, de acordo com as leis naturais do crescimento e da decadência. Ibn Verga vai mais adiante nesse caminho, escrevendo num tom leve que, apesar disso, não deve iludir quanto à seriedade de seu pensamento. A queda da comunidade judaica obedece a uma lei da natureza: o auge da fortuna é, inevitavelmente, seguido pela ruína. Mas os próprios judeus precipitaram sua derrocada, pois lutaram entre si, provocando assim a interferência de outras nações em seus negócios. Pode-se notar nesse ponto como as condições da Itália na época e as teorias políticas correntes no pensamento italiano projetaram nova luz sobre fatos bem conhecidos que, na Idade Média, eram, com muita freqüência, usados para reflexões moralistas. Mas segue-se um argumento ainda mais importante: confiando em Deus, os judeus descuidaram da perícia militar, e quando o Senhor lhes retirou sua mercê, devido aos pecados por eles cometidos, ficaram "duplamente nus". Uma bem conhecida passagem em Josefo é explicada no sentido de que uma confiança demasiada em Deus (não superstições astrológicas, como considerava Mosche ben Maimon) levou à queda política dos judeus. Trata-se de uma idéia muito própria de um homem da Renascença, sendo mais tarde expressa, até com maior clareza, por Simone Luzzato e Spinoza.

Ibn Verga é bem mais sincero no seu inquérito sobre o fundo causal do Galut; de fato, o assunto pode ser abordado com maior facilidade, partindo-se do ponto de vista de uma ortodoxia formal. Ibn Verga vê no Galut uma provação imposta por Deus, mas está pronto também a admitir, além da explicação religiosa, uma interpretação causal-histórica: "Pois, se os nossos méritos são pequenos, então o Galut prosseguirá através de causas naturais". Pensadores anteriores também haviam admitido isso. Mas sente-se, em última análise, que todos eles tentavam, mesmo no Galut, erguer-se acima do reino da causalidade natural, no qual Ibn Verga procura agora concentrar-se com muita seriedade. Pela primeira vez na literatura judaica, Ibn Verga apresenta, soberba e diretamente: "Por que são os judeus alvo da abominação dos homens?" E, mais uma vez, encontra a resposta nas leis da natureza. O ódio contra os judeus surge de um princípio cuja atuação pode ser verificada em todos os sucessos do mundo natural, na batalha dos elementos, bem como na luta dos mais fortes contra os mais fracos... "As nações dominantes procuram transformar os demais povos na sua própria imagem."

Mas a atitude em relação aos judeus de algumas classes particulares da população cristã dá origem a uma análise mais íntima, e essa análise leva Ibn Verga a concluir que a perseguição aos judeus é promovida pela multidão ignorante e pelos incitamentos de pregadores fanáticos, enquanto que os governantes esclarecidos procuram proteger os judeus — pelo menos por motivo financeiro. De fato, os príncipes gostam de trazer às suas cortes judeus eruditos para trocar idéias com eles. O ódio do povo repousa no fanatismo religioso, estimulado pelos monges, com base nas desgraças econômicas, na inveja dos cristãos, na ambição e arrogância dos judeus. A influência dos judeus na vida política das nações não é vista com hostilidade, desde que os judeus em elevados cargos se comportem com a adequada discrição. Essa análise especialmente aplicada às condições da Espanha antes da expulsão, e por isso mesmo é espantoso que Ibn Verga não mencione, entre as causas do banimento, precisamente aquela que é apresentada no edito oficial de expulsão como a única e a decisiva: a propaganda religiosa dos judeus. Desde o tempo da expulsão da Espanha, a apologética judaica nega a existência de tal propaganda: a tendência é de abrandar a questão dos princípios religiosos e, em seu lugar, admitir toda espécie de fraqueza no caráter nacional.

Os judeus tiveram, em todos os tempos, uma especial faculdade para a autocaracterização. Uma alta consciência de sua missão nacional e a constante necessidade de defesa contra as críticas de seus inimigos desenvolveram nos judeus o pendor que aparece em outros povos unicamente como um tardio e moderno produto da autoconsciência histórica. A Agadá e o *piiut* (poema litúrgico) medieval exprimem pelas peculiaridades populares dos judeus um amor, que obscurece muito os traços de crítica realista, discerníveis nessas obras; a apologética helenística fica muito atrás desta vitalidade e clareza. Ibn Verga retrata o seu povo como um pintor realista, impelido tanto pelo amor como por uma superavidez no sentido de ver o objeto tal qual ele é. A irrepreensível ironia do homem do Renascimento leva-o a ridicularizar o altivo sentimento de eleição que animava criaturas como Judá Halevi. O judeu do Galut degrada a si próprio, através de uma aceitação não-crítica dos estereótipos anti-semitas, cujos exageros são óbvios. Na verdade, Ibn Verga assinala: o Galut exalta todas as imperfeições dos oprimidos e, além disso, não há ninguém que possa, isento de paixão, julgar o Povo Judeu. Mas chegando ao fim, resta em sua obra apenas um pequeno saldo favorável aos judeus: eles se mantêm juntos, cuidam de seus pobres e é maravilhoso ver como suportam o martírio pela sua fé. Isto, pelo menos, um fanático cristão da Idade Média não diria. Mas, em conjunto, não dista muito da soma de louvores que mesmo homens como Dohm e Herder podiam conceder aos judeus. Espera-se algo diferente de um escritor judeu. O que é singular em Ibn Verga é a sua constatação de que os judeus não poderiam viver juntos num Estado próprio, pois eles se destruiriam entre si por meio de conflitos internos. Esse gracejo fácil parece impedir qualquer pensamento relativo a uma solução política da questão judaica.

O que resta? A única sugestão séria que o autor oferece é a que convida os governos a tomarem medidas para diminuir a tensão reinante entre judeus e cristãos. Os privilégios dos judeus no intercâmbio econômico devem ser mantidos, dentro de certos limites, mas qualquer proeminência conspícua precisa ser evitada por uma sábia legislação. A melhor garantia de relações pacíficas entre cristãos e judeus reside no cultivo de certa tolerância religiosa — o que, na verdade, só é encontrável, dadas as condições da época, na corte dos dignitários seculares e eclesiásticos, pois só aí é possível discutir livremente assuntos religiosos e eruditos.

O livro *Schevet Iehuda* relata de forma sumária e distorcida a bem conhecida parábola italiana das três jóias — o símbolo da tolerância religiosa, que Lessing, mais tarde, tornou tão famoso. Outras histórias, compostas pelo próprio Ibn Verga, pregam com toda simplicidade — e quase frivolidade — a doutrina da tolerância para os membros de outros credos. Toda religião tem os seus pontos fracos, e as religiões positivas só podem se manter através de um certo grau de imaginação. Assim, pela primeira vez, a tolerância religiosa é recomendada como um tópico político. Mas isto não significa uma solução para o problema judaico, pois o problema, a despeito de tudo, não pode ser removido de seu contexto religioso. O amplo molde da fé tradicional permanece imperturbado. Ibn Verga extravasa o seu amargo desprezo sobre os falsos profetas e os frívolos sonhos messiânicos de sua época, mas nunca renuncia à crença no advento do Messias e na eventual realização de uma plena libertação política. Toda a sua crítica realista, toda a sua imaginação e todo o seu sarcasmo são, em última análise, meras ondas chocando-se contra os diques de sua fé no Galut divinamente ordenado e na redenção divinamente determinada.

Salomão ibn Verga é o protótipo do judaísmo esclarecido que, não obstante, permanece firmemente arraigado nas formas tradicionais de pensamento. Em sua própria época e, depois, durante muito tempo, o seu livro remanesceu como um fenômeno isolado, não tanto porque seus pensamentos não eram partilhados por muitos, mas, antes, porque ninguém mais ousou ou desejou falar tão abertamente sobre assuntos que, em última análise, não pareciam suscetíveis de simples esclarecimento terreno. Foi tão-somente o constrangimento interior que levou Ibn Verga a apresentar a sua crítica à guisa de ficção. Mas o seu livro, apesar do ceticismo e da amargura, tornou-se um dos mais belos e mais amplamente divulgados, entre as obras populares, graças à sua concepção sedutora, poética e realista da vida no Galut — à sua descrição dos elementos chaves da situação do Galut. É esta qualidade de vida, e não meramente os elementos abstratos de pensamento encontráveis nesta obra, que lhe proporcionaram um lugar especial na história do conceito do Galut.

13. SIMONE (SIMHÁ) LUZZATO

Simone Luzzato, que viveu um século depois de Salomão ibn Verga, prossegue na mesma linha de pensamento, embora partindo de um ponto de vista pouco diferente. O seu *Discorso circa il stato degl' Hebrei* ("Discurso sobre o Estado dos Judeus"), Veneza, 1638, foi composto com o objetivo declarado de estabelecer os direitos dos judeus em relação ao Estado veneziano, apontando as vantagens que este obteve de seus súditos judeus. Luzzato reúne o saber rabínico, não só à educação humanística de seu círculo, mas também considerável conhecimento dos escritos políticos em geral, tão extensamente desenvolvidos na Itália da época. Assim, está em condições de compreender o problema do destino dos judeus, através de novos e diferentes ângulos.

Luzzato é o primeiro a lidar com a questão do Galut, principalmente sob o ângulo dos padrões econômicos da vida judaica, indo muito além das fragmentárias observações de Abravanel. Isto o leva a formular teorias que ainda hoje são correntes — embora haja a tendência de se passar por cima dos elementos que, originalmente, deram às idéias de Luzzato o seu sentido.

Onde quer que cheguem os judeus, diz Luzzato, o comércio floresce; concomitantemente, é do interesse de um governo sábio receber os judeus e protegê-los. Eles são um instrumento particularmente útil para a política mercantil, pois desempenham na vida econômica exatamente aquelas funções que ninguém exerce, e eles se desenvolvem apenas na medida em que o governo acha conveniente. Os judeus não podem, como outros estrangeiros, se apossar de terras e propriedades, tornando-se, assim, um perigo político; também não podem, como outros estrangeiros, enriquecer e escapulir com os seus lucros, pois não têm Estado nem pátria própria para lhes servir de refúgio ou para apoiá-los contra o governante estrangeiro ("A nação hóspede"). O protótipo do mercador judeu em país estranho é José no Egito, um homem escravizado a um Estado estrangeiro, que serve ao seu amo de modo satisfatório, precisamente porque é destituído de poder.

No fundo, Luzzato expressa aqui, com maior emprego de erudição econômica, aquilo que era conhecido por todo judeu da Idade Média. O Galut fez dos judeus um povo de comerciantes, e isso lhes deu o seu papel peculiar e útil. Luzzato louva o comércio por seu valor na difusão da cultura, mas ele não vê "destino histórico" neste papel intermediário dos judeus. O comércio é fruto das peculiaridades sociais da vida judaica na Diáspora. Os judeus não podem ter terras, não podem praticar as artes e os ofícios, não podem participar da vida pública. Só lhes resta converterem-se em mercadores. A prole numerosa, resultante de sua ética sexual, obriga-os a se dedicarem ao comércio com particular laboriosidade, enquanto que a solidariedade familiar e suas conexões internacionais oferecem instrumentos rápidos para fins de negócios. Nisso reside a especial virtude dos judeus, que os torna servos úteis ao Estado. Mas, o comércio em si não possui raízes naturais entre os judeus — é simplesmente uma forma econômica imposta pelo Galut.

Depois da obra de Ibn Verga, a apresentação de Luzzato do caráter nacional dos judeus é a melhor que o primitivo racionalismo podia oferecer. Só na moderna literatura hebraica oriunda da Rússia é que encontramos, novamente, um retrato tão vívido. Luzzato expressa uma consciência nacional judaica que desaparece inteiramente na vida ulterior dos judeus da Europa Ocidental. E não é questão de observações isoladas e fragmentárias, que se colhem aqui e ali no seu livro; o autor põe-se, quase que conscientemente, a esboçar o caráter de seu povo, como Teofrasto. A dificuldade de sua tarefa é muito grande, pois uma nação é composta de muitos elementos. E, é especialmente difícil elaborar um quadro uniforme do caráter dos judeus, pois vivem espalhados por todo mundo e assumem as cores dos países onde residem. Mas, isso não significa que sua consciência de unidade nacional seja fraca; pelo contrário, é particularmente forte em Luzzato, e ele encontra características distintas partilhadas pelos judeus de todos os países. "Um povo de uma natureza esgotada e debilitada, incapaz de exercer nas atuais condições qualquer poder político, estando cada qual ocupado com os seus interesses particulares, preocupando-se pouco ou quase nada com os interesses do todo. A sua frugalidade aproxima-se da avareza. São grandes admiradores do passado, dando pouca atenção ao curso das questões do presente, muitos deles são toscos em suas maneiras, dedicam-se pouco ao estudo ou ao conhecimento dos idiomas, mas com freqüência vão ao extremo — segundo os níveis dos estrangeiros — na observância de sua religião." A isto podemos contrapor uma incrível firmeza de fé, uma unidade de doutrina religiosa, apesar da longa dispersão do povo — ou possivelmente devido à dispersão, como Luzzato muitas vezes argumenta — uma maravilhosa fortaleza para resistir ao infortúnio e, muitas vezes, na maneira de enfrentar o perigo. Além disso, são caridosos e hospitaleiros com os membros de sua nação, mesmo para os que procedem de países estrangeiros; abstêm-se de vícios carnais, mantendo a pureza de sangue; são precisos no tratamento de assuntos difíceis e submetem-se a todos que estão fora da comunidade religiosa judaica. "Suas faltas tendem mais para o baixo e vulgar, do que para o selvagem e grandioso."

Essas poucas palavras de agudo olhar crítico expressam o espírito de um humanista da escola de Maquiavel, que acha mais doloroso todos os defeitos de seu povo do que a sua falta de cultura humanística, de sabedoria política e de heróica grandeza. Mas se ele dá grande importância a estas imperfeições, o seu propósito é esclarecer que os judeus não constituem perigo político para o Estado. Eles não são dados à revolução religiosa ou às conspirações políticas. Sua última insurreição (presumivelmente) teve lugar no tempo de Trajano, "quando ainda conservavam alguns traços de sua barbárie inicial". "Para o judeu — devido às condições da época e, particularmente, devido aos ensinamentos de sua religião — é estranho todo pensamento de propagar seu credo. Preocupam-se unicamente em vencer as suas próprias dificuldades, e não fazem esforço algum para melhorar a situação dos judeus em geral." É "um costume que os judeus observam com grande rigor, como se fosse a inviolável lei religiosa, nunca se imiscuírem nos negócios de Estado, que envolvam governantes sob cuja proteção vivem outros judeus". "Assim como os judeus não têm por obrigação propagar a sua religião, do mesmo modo não têm o menor intuito de procurar qualquer inovação para melhorar a situação de sua nação como um todo, pois acreditam que toda modificação extraordinária que possa suceder, deva provir de uma causa mais elevada e não dos esforços dos homens."

A expulsão dos judeus da Espanha, escreve Luzzato — segundo uma exagerada tradição — envolveu cerca de meio milhão de almas. Incluiu homens como Abravanel, altamente educados e de grande influência política. Mas nenhum deles fez qualquer esforço para desobedecer ao edito de expulsão — embora na opinião de Luzzato, este edito fosse, talvez, inspirado pelo temor de um levante judaico. Eles se dispersaram por todo o mundo — "um signo evidente de que as atuais doutrinas dos judeus e seu habitual comportamento, os inclinam à submissão e à humildade face aos governantes". Luzzato estava talvez inteirado das insignificantes e estéreis conspirações contra a Inquisição, que marranos espanhóis urdiram na oitava década do século quinze, o que possivelmente, o levou às suas considerações — de outro modo infundadas — sobre as possibilidades de uma insurreição judaica. Em grande parte, porém, ele expõe simplesmente à luz de uma moderna atmosfera política as tendências que se evidenciaram na vida judaica dos séculos posteriores.

No sistema e na agudeza de sua análise, bem como no seu interesse pelo material econômico e estatístico, Luzzato ultrapassa em muito a Salomão ibn Vergas. Mas falta-lhe a paixão de Ibn Verga pelo conhecimento e a emoção histórica que assalta Ibn Verga, como um homem que escreve sob a pressão direta da grande catástrofe. Luzzato é, em essência, um apologista temperado. Se descreve o caráter judaico, se analisa a atitude de diferentes grupos da população, no tocante aos judeus, se aborda a situação dos judeus em diversos países e as razões pelas quais são recebidos em certos países e expulsos de outros, se faz tudo isso é para refutar os vários argumentos levantados contra a permanência dos judeus em Veneza. Todo país tem a sua própria questão judaica; em Veneza, a tensão entre os cidadãos e os judeus é mais fácil de ser superada do que em qualquer outra parte; Luzzato não discute o destino histórico da nação judaica como um todo. As grandes tendências da história judaica são fixas, e ele as descreve, novamente, com a pena do humanista.

Todas as nações, observa Luzzato, têm os períodos de prosperidade e declínio, como sabiam os pensadores clássicos. Uma nação sucumbe inteiramente diante de outras nações ou no máximo, alguns fragmentos sobrevivem. Mas a nação judaica retém a sua identidade essencial, a despeito da infinita separação e dispersão. Isto não seria possível apenas através da força dos judeus sozinhos; a sobrevivência dos judeus é fruto da providência de Deus, que os preserva para finalidades que só Ele sabe. "E embora a servidão e a dispersão sejam os maiores males que podem assaltar uma nação, já que o povo se torna covarde e baixo, sendo exposto ao escárnio dos demais, tais males são do mesmo modo os melhores meios para a sua sobrevivência. Pois purgam o povo escravizado do orgulho e da vaidade, impedindo-o de provocar a inveja e as suspeitas de seus dominadores."

As nações adquirem glória imortal através dos atos de guerra e das conquistas do conhecimento. E os judeus também foram grandes nestas realizações, enquanto mereceram a graça de Deus. Pouco antes de sua ruína nacional, como se fora a última chama fulgurante de uma vela antes de se extinguir, os judeus, sem nenhum auxílio, levantaram-se contra o poder de Roma e lutaram de armas na mão por sua liberdade e por sua fé. Mas a catástrofe política trouxe consigo, também, uma derrocada espiritual; os judeus eram diferentes dos gregos. Um violento desejo de reter a pureza de sua religião manteve os judeus longe do saber humanístico embora devessem dedicar-se a ele, exatamente para esclarecer as suas concepções religiosas. O tempo, como as ondas do mar contra a costa, aniquilou preciosos espécimes da erudição judaica e empilhou, em lugar desta, fragmentos desprezíveis e imundos. Apenas Filo, Josefo, Maimônides e ou tros filósofos judeus da Idade Média parecem ter se erguido acima dos escombros de sua tradição. Além disso, há algumas doutrinas cabalistas, filosoficamente elaboradas, que são dignas de menção. E o Talmud permanece como autoridade indiscutida. Isto é tudo o que Luzzato encontra para louvar na vívida devoção judaica das épocas anteriores.

E tudo o que ele pode oferecer como um meio de aliviar as dificuldades da época é um conselho para mitigar, na medida do possível, a tensão entre judeus e gentios. A tolerância que Luzzato pede dos governantes não flui do racionalismo religioso, como na mente de Ibn Verga, mas é baseada no princípio da *raison d'état*. Não apenas o interesse econômico, mas igualmente o prestígio do Estado tornam aconselhável o bom tratamento dos judeus, pois tal tratamento constitui testemunho da sabedoria e da justiça do regime. Pode-se também pedir tolerância em nome de uma humanidade historicamente orientada. A nação judaica é como o torso de uma antiga estátua. "Assim como são preciosos os despedaçados fragmentos de uma velha estátua de Fídias ou Lisipo, do mesmo modo não se deve desdenhar as relíquias dos antigos hebreus, embora estejam desfiguradas pelo sofrimento e deformadas pela servidão, pois todos concordam que o divino artista infundiu na figura deste povo a lei e as instituições da vida."

A Ética judaica, acentua Luzzato, não põe empecilhos no caminho da tolerância, pois a base da religião judaica é o humanismo universal e uma indulgência geral em relação a todos os que sustentam as prescrições da moralidade natural e concebem uma causa divina mais elevada. (Luzzato diz, incidentalmente, que a religião judaica está bem mais próxima da Igreja Católica do que do cristianismo reformado). Assim, Luzzato ultrapassa todos os escritores anteriores, na tentativa de sobrepujar os principais obstáculos que se erguem na estrada da comunhão entre judeus e cristãos. Nesse sentido, ele se restringe unicamente à lei mosaica, que — ao contrário das instituições dos gregos e romanos — se preocupa com o bem-estar de toda humanidade; toda autoridade ulterior tem de seguir os princípios deduzidos da Bíblia. No que diz respeito à vida prática, os judeus estão sempre prontos, indica Luzzato, a oferecer o seu dinheiro para ajudar os compatriotas necessitados, e estariam mesmo dispostos a dar o sangue pela defesa do Estado.

Mesmo tomando-se em conta o fato de que Luzzato, ao escrever uma obra de apologia, podia ter oculto as suas mais íntimas conexões com o judaísmo, ainda assim, na largueza de sua visão e na candura de sua expressão, o autor não deixa lacunas sérias. No medida em que uma vigorosa fé tradicional e uma crença inabalada na redenção podem caminhar juntas, Luzzato procura segui-las. Luzzato deseja refinar, através da cultura humana, os conceitos do credo judaico e os princípios que governam o comportamento em relação aos adeptos de outras religiões. Nesse esforço, suas tendências críticas vão muito além dos filósofos, mas não conduzem a nenhuma conseqüência destrutiva para a fé. Ele encontra padrões para o seu criticismo na Bíblia, na filosofia e no saber humanístico, mas não na tradição especificamente judaica. Luzzato não inspira a atitude humana pela qual ele próprio aspira em toda relação interna do processo da história judaica. Tal atitude não é a seus olhos alvo e fruto do Galut. Seu pensamento político-humanístico devolve o problema do Galut às concepções elementares de liberdade e escravidão.

O Galut é simplesmente glacial — carecendo de liberdade política e, em conseqüência, de toda cultura mais elevada. Apenas Deus conhece a sua significação. É um fato indiscutível que, na história judaica, foi superada a lei natural do erguimento e declínio das nações — mas esse fato nasce da força espiritual intrínseca ao povo judeu: o frio analista conhece apenas, e muito bem, a fraqueza de sua grei, debilidade que a torna incapaz de qualquer ação política mais enérgica. Mas jamais lhe ocorre que a situação pode mudar em qualquer sentido. Pois a sua fé no Messias e na atuação da vontade de Deus na história permanece intacta; autocrítica alguma pode abalar a sua profunda fé no judaísmo. Para este frio e no entanto corajoso observador da história, nas proximidades das leis da causalidade — como um fator de igual poder — sempre se coloca a vontade de Deus, que conduz o corpo desnudo e exausto do povo judeu por caminhos que nenhuma mente humana pode sondar.

As idéias do Galut esposadas pelo racionalista ulterior ramificam-se a partir deste ponto. Todos eles, nas suas diferentes formas, trabalharam com fragmentos tomados da completa e cerrada interpretação de Luzzato. Mas levou quase um século e meio até que surgisse outra tentativa de formular uma similarmente compreensiva e clara análise da situação judaica; então, de fato, um gentio, Christian Wilhelm Dohm, empreendeu tal tentativa. Como um todo, o livro de Luzzato não teve efeito. Foi algo de desastroso para a história judaica ulterior que os racionalistas posteriores, nas suas tendências políticas, não seguissem o pensamento de Luzzato, mas endereçassem a sua crítica — acompanhando as pegadas do ceticismo marrano — principalmente contra a religião judaica, abandonando a idéia da nação como um todo, empenhando-se na fixação permanente dos judeus, como cidadãos de suas diferentes pátrias. Um homem como Moses Mendelssohn, procurando apoio na tradição judaica, preferiu reviver a obscura apologia de Menassé ben Israel à vigorosa obra crítica de Luzzato — cujos termos usou, ocasionalmente, sem saber.

Na realidade, Luzzato comunga de um erro essencial com aqueles que o seguiram: na análise final colocou o destino da nação judaica na dependência de Deus, separando-o das virtudes da própria nação — em contradição com a crença mais antiga. E por meio desse corte ajudou a situar ambos os fatores — fé em Deus e fé na nação — com acelerada rapidez, sob o olhar definhador do ceticismo.

14. OS MARRANOS

O RETRATO tradicional do Galut foi modificado de forma decisiva pelos marranos que, depois da expulsão dos judeus da Espanha e de Portugal, defenderam a sua própria existência e a de sua religião durante muito tempo numa luta surda, pois — particularmente após o início do décimo sétimo século — não tinham oportunidades, nem ânimo para emigrar e se estabelecer em outros países. Depois de se tornarem os únicos, embora ilegítimos, representantes do judaísmo na Península Ibérica, as características de sua situação acentuaram-se ainda mais em comparação com o século quinze.

Os marranos se converteram numa casta à parte, com uma estrutura social peculiar — muito parecida à dos judeus assimilados das épocas posteriores. Ocasionalmente ocorriam casamentos entre judias ricas e empobrecidos "cristãos velhos", mas em geral tais enlaces eram desaprovados. Os cristãos-novos uniram-se numa organização oficiosamente reconhecida pelo Estado. Pagavam taxas especiais e defendiam os seus interesses específicos, ao tratarem com o governo e a Igreja. Eram conhecidos como pessoas que praticavam ritos judaicos e seguiam, em segredo, as tradições judaicas, a despeito das enérgicas medidas adotadas para controlar as suas atividades. Estavam sob a constante vigilância da Inquisição que, de tempos em tempos, atirava-se contra eles, entregando mártires judeus às fogueiras, em maior ou menor número, conforme a situação política. Contra os marranos, circulavam publicações anti-semitas, tanto no sentido medieval como no moderno. Somente no fim do século dezessete ergueram-se algumas vozes pedindo um tratamento mais humano para os cristãos-novos, um tratamento que os transformaria gradualmente, mas através de estímulos e pressões planejadas, em verdadeiros cristãos. A expulsão dos marranos foi discutida com freqüência, mas jamais executada por força de considerações relacionadas com os interesses econômicos do Estado.

Na religião, os marranos levavam uma vida dupla. Suas convicções eram como um fluxo e refluxo de ondas, indo de uma a outra fé. Seus sentimentos religiosos judaicos eram, amiúde, não mais do que uma sobrevivência semiconsciente ou uma reanimação de adormecidos instintos e tradições nacionais. Se uma destas almas perdidas encontrava o caminho de retorno ao judaísmo, sobraçava, com satisfação, toda a série de valores judaicos — na medida em que podia discerni-los — e muitas vezes com admirável capacidade de recuperar os estudos judaicos negligenciados. E isto, naturalmente, incluía toda a concepção judaica da história. O regresso nem sempre era fácil, por razões espirituais, bem como políticas e econômicas, havendo muitas almas torturadas que não prestavam ouvidos à propaganda judaica que os pressionava — propaganda que soa como uma curiosa antecipação das modernas discussões sobre a necessidade e as possibilidades da emigração judaica para a Palestina.

Mas até a religião sobrevivente nos conventículos marranos, mantinha-se em grande parte de acordo com a tradição judaica. As preces dos marranos, preservadas nos arquivos da Inquisição e nos rituais ainda praticados por eles, são tradições ou adaptações diretas das tradicionais orações e *piiutim* judaicos, com suas ardentes esperanças de libertação política e de restabelecimento do culto no Templo. Nestas orações, dificilmente encontramos traço de uma nova teologia galútica ou de uma religião específica de marranos. Apenas a idéia da Inquisição e da necessidade de serviços religiosos secretos parece a esses judeus sofredores pertencer, de modo inseparável, à fé judaica. Há, de fato, expressões pessoais a declarar, com certa freqüência, que a santidade pode ser conservada na condição dos *anussim* (convertidos à força) desde que se reconheça a unidade de Deus e se cumpra o ritual na medida do possível. Neste sentido, os lenitivos que serviam ao judeu crente em período temporário de opressão religiosa, convertem-se em princípio duradouro. A Rainha Ester, que "não traiu o seu povo e a sua pátria", tornou-se o símbolo dos marranos. Uma idéia, que apareceu um pouco antes, foi desastrosa: que não se devia deixar o país da perseguição e da servidão para onde Deus conduzira os judeus, antes que o Senhor reunisse o seu povo de todos os quatro cantos do globo. A crença de que a história serve de testemunha para a vontade de Deus leva aqui, pela primeira vez, a uma virtual ab-rogação da própria religião. Outros acreditavam que, aceitando o batismo, podiam escapar à providência de Deus, caindo sob a influência das estrelas e deixando a sorte correr.

Os marranos da Europa Ocidental, que haviam emigrado do país da Inquisição, desenvolveram certas características grupais, que não eram inteiramente novas na história judaica, mas que antes jamais se apresentaram com tanta clareza. Esses marranos estavam unidos entre si, especialmente pela lembrança de sua "terra", que para eles continuava sendo de grande importância emocional (é a primeira vez que surge um forte laço emotivo com um país do Galut);

através dos liames das relações de família com os marranos da Espanha e de Portugal e através do culto dos mártires em suas fileiras — um desenvolvimento que mostra certa influência do culto dos santos entre os cristãos. Ademais, possuíam a sua própria literatura hispano-portuguesa. Tal literatura, como a helenístico-judaica, remanesceu predominantemente religiosa, procurando expressar os conceitos tradicionais do judaísmo, por meio de um idioma estrangeiro — e isto tornava tais conceitos desinteressantes para qualquer pessoa que não pudesse reconhecer o espírito em que se baseavam.

Um dos primeiros exemplos da literatura dos marranos é o livro *Consolações às Tribulações de Israel,* escrito por um português, Samuel Usque (Ferrara 1553). Esta obra é uma discussão histórico-escatológica, que assume a forma de um lamento do velho pastor Jacó e da réplica de dois profetas. O velho tema surge agora vestindo os trajes da pastoral. O autor, um homem versado na literatura geral de seu país, recorre, consistentemente, no tratamento da questão fundamental, às fontes e aos conceitos judaicos. Onde a tradição judaica não serve para o seu objetivo, Usque volta-se para os escritores cristãos, invertendo simplesmente as constatações anti-semitas destes, para torná-las favoráveis aos judeus. Usque projeta sobre o passado a experiência histórica da década precedente; o autor vê a expulsão dos judeus da Espanha e os sofrimentos dos marranos, continuamente repetidos; as tramas dos novos inimigos dos judeus apenas ilustram os eventos do passado.

Aqui, pela primeira vez, observamos um certo orgulho judaico pela oculta influência do judaísmo na história da Europa. Onde quer que os judeus tenham sido forçados à conversão, encontramos não só os restos de sinagogas e famílias trazendo nomes judaicos, mas observamos também que tais países se converteram em redutos do luteranismo e de outras heresias. Tais indícios, na verdade, não devem ser tomados como prova de que o judaísmo subterrâneo da Europa atua como uma força de progresso; a conexão entre o luteranismo e os marranos deve, antes, ser considerada como uma demonstração de que os judeus, de um lado, não podem ser assimilados e, de outro, de que a história se vinga daqueles que impõem a sua vontade pela força. Usque não acrescenta nenhum elemento realmente novo ao conceito judaico de história. Mas há um certo grau de cultura humanística e uma aparente alienação do tradicional no fato do escritor colocar ao lado da Bíblia, como igualmente importantes, não só a história do Segundo Templo, mas também os sofrimentos da Idade Média e de seu próprio tempo, tentando, como Filo, alcançar dessa forma uma viável filosofia da história. E Usque vê a divina providência atuando em toda história judaica, desde o começo até o seu próprio tempo. A história é, para ele, um processo contínuo de culpa e expiação, de purificação de Israel e de castigo dos seus inimigos. A história judaica segue um curso de progressivo martírio; enquanto na terra os judeus tomam a si o jugo das nações, no céu, eles se movem através de várias etapas, para as esferas mais distantes, onde repousarão os que foram abençoados com a coroa do martírio. Os tormentos dos judeus na Espanha e em Portugal levaram à realização do processo histórico. Nos campos de batalha da Itália e no conflito entre germanos e turcos, Israel é vingado dos que lhe infligiram tormentos. A Diáspora, impelida para a Espanha como o limite extremo do mundo antigo, já se pusera em marcha de regresso à pátria. Israel errante, atravessará novamente os campos e as montanhas da Terra Santa, sua "verdadeira mãe"; após muitos anos de esterilidade o solo pátrio florescerá com nova fecundidade; e o dia do Messias e da Ressurreição trará a história do mundo à conclusão prometida.

Mais tarde, Menassé ben Israel (1604-1657) realiza a tentativa, algo confusa, de combinar os pensamentos de Isaac Abravanel e de Simone Luzzato com o humanismo de Amsterdã e a cultura dos marranos holandeses. Seus escritos de 1650-1656 converteram-no no mais destacado paladino literário da volta dos judeus à Inglaterra. O regresso à Inglaterra provavelmente concretizou-se, em grande parte, como conseqüência de ofertas muito reais que Oliver Cromwell recebeu de mercadores marranos. Mas, como recentemente se verificou, uma parte importante nas negociações coube ao judeu italiano, Rafael Supino, que mais tarde se tornou um dos mais ardentes porta-bandeiras de Sabatai Tzvi (1625-1678). Isso confirma a impressão que causam os escritos de Menassé ben Israel: a atividade política desses judeus não visava, principalmente, a permitir que os judeus se tornassem cidadãos dos países onde viviam, mas era uma forma de expressão de suas esperanças messiânicas.

Menassé não está só em sua maneira de pensar. E as mais importantes de suas idéias já estavam firmemente arraigadas em sua mente antes de lhe surgir, com a Revolução Inglesa, e a ascensão de Cromwell, o ensejo de se atirar à política prática. A idéia *sefaradi* de que a redenção só viria depois que judeus estivessem tão dispersos quanto possível, levou Menassé a voltar a atenção, primeiro para as Tribos Perdidas — supunha-se que se encontrassem na América — e depois, para o sonho de um possível retorno à Inglaterra, que disputava então com a Espanha o título de "o fim da terra". Sua política é uma conseqüência lógica da concepção religioso-messiânica da história, já então com mais de dois mil anos de existência: esse fato é facilmente despercebido, pois os antigos conceitos, tais como aparecem na obra de Menassé, apresentam-se trajados e mascarados de saber humanístico. Menassé segue as pegadas de Eldad Hadani (nono século), quando na *Esperança de Israel* (1550), procura as tribos perdidas, não apenas nas Índias Ocidentais, mas também na China e na antiga Abissínia. Acompanhando Abravanel, Menassé encara as grandes expulsões dos judeus como etapas no processo de redenção. Os martirizados marranos da Espanha e Portugal fortalecem o anseio judaico de redenção, enquanto que a influência de algumas personalidades judaicas nas grandes cortes confirma que Deus não esqueceu o seu povo. A mão colérica de Deus revela-se nos infortúnios que assaltaram os perseguidores dos judeus no curso da história; e a fermentação política de sua própria época prognostica a aproximação da liberdade de Israel.

Na petição que endereçou a Cromwell e à Commonwealth da Inglaterra (1655), Menassé confia mais nos argumentos do mundo prático. Sublinha a importância dos judeus no comércio, nos mesmos termos de Simone Luzzato, indo, porém, mais longe do que seu predecessor, ao esboçar a estrutura religiosa desse fenômeno. Desde tempos antigos, o comércio constitui a principal ocupação dos judeus — e isto devido a uma especial bondade da divina providência. Depois que Deus os privou de seu Estado, mas não lhes retirando a sua proteção, deu-lhes uma tal aptidão para o comércio que chega a ser quase um instinto. Essa aptidão permitiu-lhes ganhar o sustento próprio, bem como fazer fortunas com as quais puderam obter os favores dos governantes e encontrar novos lugares para viver. Uma vez que os judeus procuram se abster da posse de terras — pois precisam considerar sempre a possibilidade de um eventual exílio — devem dedicar-se ao comércio até que regressem à sua própria terra e se realize a profecia: "Naquele dia não haverá mais um traficante na casa do Senhor das hostes" (Zac. 14:21). Menassé prossegue, ultrapassando Luzzato: não só atribui o caráter comercial dos judeus às circunstâncias do Galut, mas também assevera definitivamente que o fim da dedicação judaica ao tráfico coincidirá com o fim do Galut.

Segundo a exposição de Menassé ben Israel, os judeus, além de serem economicamente úteis, também são sinceros e devotados súditos do Estado, estando sempre dispostos a sacrificar a vida para defendê-lo. Não pode haver objeções de caráter religioso contra a imigração judaica. Esse judeu de origem marrana, ao entrar na Inglaterra puritana, como os seus predecessores, sentiu-se na obrigação de refutar a acusação relativa à propaganda religiosa: qualquer outro curso seria contrário aos princípios e os interesses dos judeus. Os fatos, na história da Espanha e Portugal, que não concordam com seu modo de ver, são simplesmente negados. Neste ponto, Menassé sustenta o princípio da sabedoria política e da justiça, como Luzzato fizera, ao apelar para um público católico. Menassé, porém, defende-o, também, em nome de um novo e positivo princípio de tolerância religiosa, conforme o espírito dos puritanos.

Talvez a idéia de que a tolerância religiosa constitui um passo à frente, no caminho da redenção messiânica surja pela primeira vez nesse texto. A idéia porém, não se dilui num messianismo evolucionista, como aconteceu mais tarde, durante o Iluminismo, mas, no caso, retorna imediatamente ao seu ponto de partida. Entretanto, não há o menor traço de um sério esforço de análise realista e de crítica à situação judaica. Menassé ben Israel usa com largueza o material empírico que encontra em Luzzato, mas devolve esse material à corrente do pensamento histórico-religioso, fundamentalmente intocado pelo seu próprio saber humanístico ou pelo ceticismo que já transparecia em sua comunidade.

Os marranos foram, entre os judeus, os primeiros a se entregarem a uma crítica realmente esquadrinhadora da tradição religiosa. Uriel da Costa (1585-1640), dado a sua vida pessoal, tornou-se o mais conhecido entre os que, no regresso do cristianismo ao judaísmo, foram levados à empreender a crítica histórica da "Tradição Oral" judaica. Mas um autor anônimo, que aparentemente pertence ao mesmo círculo, conseguiu, com o auxílio do mesmo tipo de crítica, alcançar um novo nível de positividade em relação às questões capitais da vida judaica. Isto surge numa obra curta, escrita antes de 1662, descoberta em meados do século dezenove, entre os papéis de Judá Arié Modena (1571-1648), sendo erroneamente a ele atribuída.

O autor espera que a aplicação de um processo radical de seleção dos elementos da tradição talmúdica criará um sistema purificado de ideais judaicos, que pela força de sua irresistível superioridade conduzirá à redenção messiânica e proporcionará aos judeus o seu justo lugar à testa das nações. A Torá mosaica, corretamente interpretada, é para ele a melhor expressão de uma religião natural. Na sua forma presente, entretanto, a Torá, embora Esdras de fato não a tivesse falsificado, é a Torá dada aos judeus por Esdras e não por Moisés (o autor se exprime nesta forma bastante tortuosa). E, desde o tempo de Esdras, conflitos partidários desenvolveram inúmeras diferentes interpretações da Torá. Foi tão-somente após a destruição do Segundo Templo que eruditos judeus criaram "uma nova ordem de vida e uma Torá quase nova", para corresponder às necessidades de um povo que se preparava para errar pelo Galut. Essa nova Torá era indispensável. Mas os eruditos não executaram devidamente a sua tarefa. Pois, em vez de aliviarem a carga de deveres, facilitando a existência da nação nos países de seus inimigos, converteram os mais rigorosos princípios dos fariseus num fardo permanente e chegaram, mesmo, a acrescentar novos mandamentos; assim, por pura paixão pelo poder, arruinaram economicamente a nação, preservando-a de todo progresso cultural mais elevado e atraindo sobre ela o ódio dos demais povos. O ódio ao Talmud da Babilônia, insuflado pelos Caraítas e pelos polemistas medievais, desperta aqui com novas forças. Os eruditos babilônios, "que conheciam unicamente o céu acima de suas cabeças", criaram um sistema de preceitos de acordo com as necessidades de seu país, como se os judeus fossem viver para sempre na Babilônia. Partindo desse ponto, a tradição cresceu, transformando-se em imensa e confusa massa onde, mesmo um homem tão genial como Mosche ben Maimon, só podia trazer pouca ordem. Não fosse esse malfadado desenvolvimento, o Messias já teria chegado. Pois as outras nações, que não podem criar religião alguma com forças próprias, teriam adotado a Torá em sua forma não deturpada, e os judeus governariam o mundo, e o trono de David, bem como o Templo em Jerusalém teriam sido restabelecidos.

Assim, o autor vê no Galut apenas um infortúnio político que recebeu continuidade devido à depravação espiritual. O Galut, na realidade, nada tem a ver com as questões religiosas. Nenhum propósito divino inescrutável o domina. Quase tudo o que o Galut criou em matéria de valores religiosos é repudiado. Mas uma silenciosa e vital consciência nacional aferra-se aos últimos redutos remanescentes da Torá e do reinado messiânico da religião natural. Como, após todos esses séculos de desenvolvimento negativo, tais elementos produzirão uma inversão completa, e como, não só a Torá, mas o próprio povo judeu se tornarão capazes dessa tarefa — são coisas que o autor não revela. Aparentemente, também deixa a decisão final nas mãos de Deus.

Desta espécie de crítica, até a rejeição total do judaísmo há apenas um passo. Baruch Spinoza (1632-1677) é o único entre os marranos de Amsterdã que, a partir de sua oposição à tradição judaica, desenvolveu um novo e peculiar retrato da história. (Delinearemos esse quadro porque ele revela certas tendências na história da idéia do Galut, que não podem ser comprovadas por qualquer outro documento literário.) Nas partes do *Tractatus theologico-politicus* (1665-1670) devotadas ao assunto, Spinoza combina a visão causal-histórica da história judaica — uma tendência que já se descobre em Ibn Verga e Luzzato — com elementos extraídos do ódio aos judeus dos antigos pagãos e dos cristãos medievais. Assim, Spinoza usa os argumentos antijudaicos predominantes na polêmica contra os marranos e mina a pequena área de segurança nacional e religiosa, na qual se refugiaram os membros de sua comunidade, depois de um árduo embate interno e externo. Seus sentimentos em relação aos judeus têm um colorido essencialmente cristão, mas falta-lhe a fé cristã, que atribui pelo menos aos judeus uma certa posição providencial na história. A religião judaica é privada de qualquer significação religiosa em termos espirituais. E a história externa do corpo da nação judaica é submetida a um poder que, às vezes, parece a lei natural e, outras vezes, a vontade de um cruel Deus pessoal. Outrora, de fato, os judeus foram eleitos por Deus, mas apenas para uma passageira tarefa política, como outros povos. E o que manteve os judeus reunidos, permitindo-lhes a sobrevivência, desde o começo de sua história até o presente, é, na realidade, apenas o seu ódio às demais nações e o ódio de Deus e das outras nações para com eles. Todos os elevados atributos que são louvados em outras nações, nos judeus, Spinoza, os reduz aos mais baixos instintos. Usando as palavras do Padres da Igreja, atira ao pó os sagrados símbolos dos judeus. Seguindo os polemistas medievais, atribui o progresso da doutrina dos fariseus ao desejo de poder da classe dominante e à oposição do cristianismo. As leis dos judeus não são boas; elas foram impostas a Israel pela ira de Deus. Os judeus são um povo rebelde. A história do Segundo Templo foi, em grande parte, a de uma contínua guerra civil. A religião judaica afeminou o espírito dos judeus (nesse ponto Spinoza segue os pensadores políticos do Renascimento), sem criar nenhum valor para compensar o perdido.

Se é verdade que unicamente o ódio mantém os judeus unidos, como Spinoza pretende, neste caso resta uma simples conclusão a ser tirada desse conceito de história, conclusão essa, que na verdade jamais expressou diretamente, mas aproximou-se dela em suas considerações sobre a situação na Península Ibérica. Na Espanha, onde os judeus (cristãos-novos) são admitidos em todos os ofícios, eles se assimilaram, mas não em Portugal. A inflamação do sentimento religioso-nacional entre os judeus é culpa da Inquisição e não ao contrário. Essa interpretação é historicamente insustentável e contém amargo insulto aos judeus de Amsterdã, que celebravam, com orgulho fanático, a memória de seus mártires em Portugal. Mas a partir desse argumento, segue-se a doutrina prática de que é mais aconselhável não perseguir os judeus, a fim de que eles próprios se fundam com os gentios. O Galu não tem sentido político algum e, portanto, nenhuma significação histórica.

Não obstante, Spinoza declara não ser impossível que os judeus "um dia, quando a oportunidade se apresentar por si só, possam estabelecer novamente o seu Estado — tão cambiantes são os negócios humanos — e que Deus possa elegê-los mais uma vez". Assim, Deus permanece como um fator imprevisível, mesmo na história presente do menosprezado povo, de tal modo que, por exemplo, não se pode dizer exatamente qual seja a significação do movimento sabataísta. Mas, considere-se essa eleição temporária ou eterna, certamente não é uma eleição no sentido espiritual, e o própri

Spinoza não terá nada de ver com ela. A sua visão da história judaica leva as tendências da crítica interna e externa, da geração anterior, a uma conclusão que era impossível dentro dos limites do campo judaico. Sua atitude pessoal em relação ao judaísmo, jamais foi vista antes dele: Spinoza é o primeiro judeu a separar-se de seu povo e de sua religião sem uma formal conversão religiosa.

Spinoza não teria nada de ver com ela. A sua visão da história judaica leva as tendências da crítica interna à exterioridade geração anterior, a uma conclusão que era impossível dentro dos limites do campo judaico. Sua atitude pessoal em relação ao judaísmo, jamais foi vista sem dolo. Spinoza é o primeiro judeu a aparecer-se do seu povo e da sua religião sem uma forma! conversão religiosa.

15. SABATAI TZVI

Somente à base das diferentes tendências espirituais, esboçadas nos capítulos anteriores, é que o movimento messiânico de Sabatai Tzvi (1665-66) pôde assumir as suas tremendas proporções. Nesse movimento tudo o que foi coletado em torno da idéia do Messias, quer na tradição erudita como na popular, juntou-se subitamente. Desta vez não se tratava de uma propaganda religiosa agitando algumas comunidades ou alguns países; durante um ano, toda Diáspora foi mantida com a respiração em suspenso, desde a Turquia até o distante Iêmen, acontecendo o mesmo na Itália, Holanda, Inglaterra, Alemanha, Polônia e até entre os marranos da Espanha e Portugal. Lado a lado com o difícil e extenso saber talmúdico-cabalístico, que o movimento era obrigado a discutir e que figurava, em parte, entre as suas forças motoras e de sustentação, havia todo o conjunto de uma literatura popular e apocalíptica, falando em súbitas marchas de tribos distantes e em misteriosas maravilhas que, segundo se supunha, ocorriam no Oriente e nos portões de Roma. Essa literatura messiânica popular circulava entre as mais variadas camadas, que a examinavam cuidadosamente, pondo à prova os seus argumentos em favor do novo Messias, no tocante à autenticidade deles nos termos da tradição.

Tal intensidade de sentimento, reunindo a erudição racional com a mitologia e o misticismo numa fé que era realmente uma devoção capaz de mover montanhas, tal movimento de massas no mundo todo só era possível à base de uma idéia do Galut que implicasse a iminente eventualidade de um fim messiânico. Mesmo os adversários de Sabatai Tzvi, admitiram que um movimento de tão profunda agitação e penitência que se espalhara pelo mundo era sinal do advento da redenção: existiam todas as condições necessárias, mas no derradeiro instante essa geração foi julgada indigna e um incompreensível poder demoníaco sustou o processo todo.

Somente assim podemos compreender a secreta fidelidade ao credo sabataísta de muitos que, em outros aspectos, mantiveram-se estritamente na maneira tradicional de pensar e viver. A primeira etapa da redenção fora completada, o Galut da *Schehina* terminara. De que forma tal afirmativa se harmonizava com o fato de os judeus continuarem no cativeiro — neste ponto a nova crença não tinha resposta para dar a seus críticos. Podemos divisar aqui a contradição entre a antiga fé messiânica, que sempre permaneceu intimamente ligada aos fatos da realidade, e todos os esforços a fim de transformar a redenção messiânica num processo que se realiza tão-somente no imo da alma individual ou no da imanência da história. Anteriormente, o fracasso de um movimento messiânico jamais focalizara a questão de modo tão agudo. Antes disso, a cada desapontamento da esperança messiânica, seguiam-se dúvidas e deserções em massa. Agora, pela primeira vez, parece surgir no seio do judaísmo uma nova religião ou, pelo menos, um acentuado desvio da velha fé — pela primeira vez, isto é, desde os Caraítas, que também foram envolvidos em fermentação messiânica. A famosa unidade religiosa dos judeus sumira, e tornou-se claro a justeza daqueles pensadores que viam na servidão política um dos meios de Deus para preservar a unidade e pureza do credo. Antes, na realidade, havia apenas um caminho a conduzir para longe das concepções básicas do judaísmo, e esse caminho ia diretamente ao campo da religião dominante, cuja existência impedia a vida de qualquer tipo de seita judaica.

Entretanto, mal começaram a afrouxar as cadeias da servidão, mal começou a enfraquecer a pressão religiosa do exterior, e eis que surgem diferenças essenciais no próprio campo judaico. Sabatai Tzvi ab-rogou e alterou preceitos religiosos. O novo Messias judeu assumiu incontestável caráter de Messias cristão. Além disso, apareceu entre os extremistas uma declarada "teologia marrana", sustentando que os judeus tinham de converter-se em *anussim* antes de serem libertados do Galut, pois "lá deverás servir outros deuses, de madeira e pedra". Assim, é extraída a conseqüência final dessa teoria do Galut, segundo a qual a aviltação dos judeus na Diáspora serve para liberar as fagulhas de santidade disseminadas no mundo. Mas, de outro lado, cruzou-se uma fronteira, além da qual só havia o total desarraigamento e a dissolução. Os seguidores da velha tradição estavam certos, quando ergueram como barricada contra essa transposição os sólidos fundamentos da tradição messiânica, que insistia na libertação política e em milagres exteriormente visíveis. Sabatai Tzvi não apresentara prova nenhuma de sua eleição; "despertara amor" muito cedo.

16. DA ANTIGA FÉ A UMA NOVA CONSCIÊNCIA HISTÓRICA

Na segunda metade do século dezessete, os fundamentos do velho credo judaico já estavam minados por dois lados: pelo racionalismo e pelas autocontradições da doutrina do Messias. Não obstante, o judaísmo reconhecido como legítimo continuou existindo até meados do século dezoito, mantendo-se inabalado em sua antiga constituição e caráter espiritual. Essencialmente, esse judaísmo remanesceu tal como fora dois mil anos antes ou, pelo menos, caso tenha ocorrido alguma evolução, ela não foi além dos limites dos matizes. O judaísmo ainda defendia os mesmos conceitos escatológicos de história, com o povo eleito no centro — exceto que a moldura desse conceito fora ampliada no curso dos séculos, a fim de poder incluir os materiais históricos e filosóficos que gradualmente se acumularam em seu redor.

As atitudes interiores em relação à história mudaram com grande lentidão. Da compacta e algo belicosa doutrina da eleição, surgira uma ingênua mitologia da história, inundada de uma luz maravilhosa e envolvendo um sistema metafísico e especulações históricas, semimágico em sua atmosfera. Uma tendência filosófica racionalista, que preparou o terreno para o ceticismo ulterior, separou-se desse sistema.

Mas este continuou a subsistir dentro de um quadro histórico inalterado, assegurado pela tradição e pela fé ingênua do povo, contrário a modificações essenciais. As mais exaltadas especulações, o mais sóbrio racionalismo, as mais cinzentas tonalidades da vida cotidiana, — tudo permaneceu ligado às sólidas realidades de povo, terra e Torá, das grandezas passadas e futuras e dos inexplicáveis sofrimentos do Galut. O povo se mantém reunido por uma consciência nacional única no mundo. A terra é o país real da Palestina, por mais velado que esteja pela imaginação religiosa e pelo mistério, por mais privada que esteja, por circunstâncias políticas, de sua beleza e produtividade. E a tão criticada dialética talmúdica continua conduzindo sempre de volta ao milagre da Torá. A religião se renova em cada geração pela força que vem do povo, que é ao mesmo tempo mito e o mais puro intelecto. A sina diária do povo ainda é totalmente compreendida — como era nos dias da Bíblia — através de uma firme crença na influência direta de Deus sobre cada evento histórico. Isto não é o tímido tramar de velhos sonhos, nem é mera inércia, sob o fardo de um destino incompreensível, é, antes, um sistema de conceitos religiosos — completo em si mesmo, — do qual cada representante da tradição pode dar uma clara avaliação.

Esse velho sistema de pensamento não é de forma alguma anti-histórico, pois possui história em seus próprios fundamentos; os sucessos históricos decisivos dos tempos antigos e recentes retêm seu lugar fixado no pensamento judaico, mais do que em qualquer outro sistema religioso, convertendo-se em marcos miliares na história da provação do povo de Deus. Nenhuma historiografia complexa poderia formular este sistema, pois, no fundo, ele é a repetição das mesmas idéias aplicadas a cambiantes materiais históricos. Precisamente as últimas épocas anteriores à emancipação produziram numerosos relatos sobre acontecimentos históricos individuais, que são sempre tratados como novos exemplos para o julgamento, provação e livramento do povo de Deus: as visões apocalípticas, que prosseguem até esse tempo, são a expressão constantemente repetida de um espírito inabalado, que vê na história os sinais do advento do fim.

A grandeza e a unidade desse mundo religioso não são, em essência, perturbados por suas forças de expressão, freqüentemente obscuras, ou pelas desagradáveis circunstâncias externas de vida social e econômica. A existência comunitária dos judeus dessa época não apresenta debilidades que não se encontrem na sociedade burguesa cristã. Os tão criticados fatores e agentes judaicos nas cortes dos nobres alemães praticaram os seus bons e maus atos, do mesmo modo que os cortesãos cristãos da época. O comportamento econômico dos judeus da época, apresenta as virtudes e os vícios gerais do primitivo capitalismo — na medida, pelo menos, em que os negócios judaicos se desenvolveram o suficiente para justificar o uso de tal termo. Jamais houve um traço econômico judaico, específica e religiosamente determinado. As exigências do Galut forçaram os judeus a fazer o melhor que podiam com os escassos meios de subsistência a que podiam recorrer. O comércio, com o seu trabalho maçante e os seus riscos, é considerado uma carga imposta pelo céu, uma forma de ascetismo num mundo sombrio, mas nunca um valor em si mesmo, e o êxito econômico não é objeto da contemplação religiosa. Tudo o que foi dito acima não é registrado para atenuar as faltas dessa geração; mas é preciso compreender que essas faltas foram observadas e criticadas pelos próprios judeus como abusos e sinais de mundanidade.

Na última década do décimo século, porém, o racionalismo começou a sua vitoriosa evolução através do mundo. Na

Holanda e na Inglaterra, proclamou-se pela primeira vez o princípio da tolerância religiosa, sendo este, em parte pelo menos, aplicado aos judeus. Eles não receberam igualdade em termos políticos e de cidadania, mas tiveram permissão para praticar livremente a sua religião, e assegurou-se-lhes certo grau de consideração humana, algo que antes jamais lhes fora concedido em parte alguma do mundo. Isto sucedia numa época em que, nos países católicos da Europa Meridional e Oriental, especialmente na Polônia, o tratamento dispensado aos judeus era determinado pelo mais negro beatismo e pelas mais insensatas superstições, e quando, na Alemanha protestante, eles eram cercados por um frustrador sistema de restrições, que estava a ponto de perder os seus adornos religiosos, para converter-se num instrumento de ódio racial e política racista.

Na atmosfera intelectual mais favorável dos países ocidentais, que gradualmente se difundiu também pela Alemanha, surgiu uma nova maneira de encarar as questões básicas da vida judaica. Os judeus que partilhavam desse novo racionalismo, não eram como Da Costa e Spinoza, rebeldes contra o modo de vida estabelecido; eram simplesmente céticos e gozadores, ou mesmo homens que, não pensando em socavar a tradição que lhes fora transmitida, renunciavam a seus laços políticos e às suas responsabilidades com a nação judaica como um todo, tentando acomodar-se da melhor forma possível em seus "lares" na *Golá* ("Exílio"). Tipos assim, sempre existiram, mas a partir do fim do século dezesseis tornaram-se cada vez mais numerosos, até que, finalmente, se colocaram no primeiro plano da vida judaica.

A primeira evidência nítida dessa nova atitude pode ser encontrada no livro *Sefat Emet* ("Linguagem da Verdade"), de Mosche Chagis, (publicado em Amsterdã, 1707). Chagis vinha da Europa Oriental, como enviado de Jerusalém com a missão de coletar dinheiro para a Palestina, de melhorar, caso fosse possível, os métodos da coleta e, como era hábito dos *scheluhim* ("enviados"), de pregar aos judeus, voltando os seus corações para a Terra Santa. Com palavras apaixonadas, colhidas na tradição, Chagis pregou aos judeus, falando-lhes da significação real e religiosa da Palestina. Mas os indiferentes e os céticos, entre *sefaradim,* saudaram-no com a dúvida e a indiferença. Os argumentos por eles invocados eram velhos, mas naquele momento tinham especial importância, pois representavam o ponto de partida de teorias de dois séculos. O valor da Terra Santa é posto em dúvida sob alegação usual de que se trata de um país desolado, onde predominam desafortunadas condições, no tocante aos negócios políticos e no seio da comunidade judaica. Lança-se a afirmativa de que, até sobrevir a redenção, todos os países são tão bons quanto a Palestina; que Deus ouve em toda parte as preces humanas; que, na realidade, viver na Palestina é contrário ao mandamento divino, pois a Terra Santa deve permanecer desolada até o fim dos tempos. Essa é a teologia marrana numa forma modernizada e mais acomodada.

Chagis atribui esses argumentos a céticos que se desfizeram do jugo dos mandamentos e pensam unicamente no gozo de suas riquezas e de sua nova liberdade política. Eles consideram a sua morada atual como a sua Jerusalém, e não se preocupam com as necessidades da Terra Santa ou com as necessidades dos judeus na Turquia, Alemanha, Polônia ou África. Essas frívolas criaturas declaram que ficariam satisfeitas se o Messias viesse para o pobre, de tal modo que ninguém mais tornasse aborrecê-los, mas se o Messias ia igualar pobres e ricos, para que necessitavam dele? E não deixavam sequer de invocar o apoio de autoridades em favor de seus argumentos. Esses marranos acomodados estavam habituados a interpretar as palavras de Jeremias — "Buscai a paz da cidade, para qual fostes levados cativos, e orai por ela ao Senhor; porque na sua paz vós tereis paz" (29:7) — no sentido de que o dever do judeu era permanecer na Diáspora, ao passo que, anteriormente, a passagem fora explicada apenas como uma prescrição que obrigava a suplicar pela paz do mundo e de seus governantes. Esses céticos ousaram mesmo citar as palavras do Talmud (Ketuvot 111a): que "o amor não deve despertar muito cedo". Antes, tais palavras eram lançadas contra os falsos profetas, que procuravam forçar a redenção através do exagero da exaltação religiosa. Nenhum judeu piedoso jamais pensaria em utilizar a passagem no sentido de debilitar o ardor religioso ou de abalar aquela fé judaica que repousava em valores reais.

Nos círculos *sefaradim* desse período encontramos, pela primeira vez, uma consciência otimista do progresso. Sentiam que haviam contribuído para o desenvolvimento libertário da Holanda. Partindo dos *sefaradim* da Inglaterra e da Holanda, o racionalismo difundiu-se entre os céticos judeus da França, e mesmo entre os judeus da Alemanha. Moses Mendelssohn (1729-1766) limitou-se a reunir o pensamento de seu tempo, dando-lhe uma forma autorizada, erguendo-o acima do mero libertinismo. As tendências da história judaica, postas em movimento na época de Mendelssohn, foram exaustivamente analisadas e criticadas nos últimos tempos; podemos examinar aqui apenas algumas de suas conseqüências na história do conceito e das condições do Galut.

A recente história judaica levou à conclusão um longo processo de desintegração. O abismo entre as promessas religiosas e o aviltado corpo do povo judeu, algo de que os racionalistas judeus tinham anteriormente percebido, levou ao abandono completo ou parcial da nação. A perda de confiança no futuro nacional e na força popular da religião, provocou a desnacionalização da religião. A constituição especificamente política da nação na Diáspora e a sua consciência da unidade judaica foram destruídas. A princípio acreditava-se que isto era apenas para reorganizar o judaísmo legal e socialmente, num plano mais elevado, mais objetivo e mais racional. Na realidade, bem depressa tornou-se evidente que os frutos desse esforço seriam a substituição da individualidade historicamente determinada do judeu por uma individualidade diferente, não menos determinada pela história. Tal transformação, porém, mostrou-se impossível. As dificuldades medievais nas relações entre judeus e não-judeus simplesmente continuaram, embora de uma forma mais humanizada e, ademais, a tensão que surgiu com o aparecimento do problema marrano, ímpar na Idade Média avançada, tornou-se a característica da moderna questão judaica. Isto não era tanto um problema para o judeu batizado como para os judeus que, embora permanecessem no campo judaico, haviam sofrido uma mudança de credo. Pois, na realidade, o que haviam feito, não foi tomar elementos da cultura européia e incorporá-los ao seu próprio organismo religioso-nacional, pelo contrário haviam renunciado aos elementos essenciais desse organismo, em favor de outros caminhos e concepções de vida.

Essa modificação não se efetivou através de uma força externa visível, mas através de uma pressão moral consciente ou inconsciente. Agora as forças históricas, que no curso de séculos haviam formado o caráter judaico, foram desviadas de sua rota — uma rota que talvez levasse ao surgimento de uma vida comunitária plena, consciente e responsável. As forças históricas desertaram a nação. A visão de Ezequiel, como Judá Halevi a interpretou, cumpria-se agora. Do corpo vivo da nação, restaram apenas ossos espalhados e ressecados, e ninguém podia prever que eles, segundo as palavras do profeta, fossem novamente unidos num todo vivo. Os dispersos segmentos da nação ou entraram no processo de assimilação, em novas e fecundas amálgamas humanas e históricas, ou conservaram o ferrete da história do Galut em suas carnes inertes e endurecidas. À base dessas condições, durante um curto período na história judaica, erigiu-se uma compreensiva construção histórica, na época da consciência histórica, que foi aceita por amigos e inimigos dos judeus e que, apesar disso, num sentido histórico, era mais errônea do que a visão do judaísmo de qualquer geração anterior.

O pensamento histórico do moderno judaísmo ainda sofre dos efeitos de uma herança religioso-política não devidamente compreendida. O velho conceito de história foi abandonado, mas continuou a manter alguns redutos no pensamento histórico; ninguém tentou uma análise cabal dos fatores que determinaram a história judaica. Não só o caráter nacional dos judeus foi mal compreendido, mas também — seguindo o racionalismo medieval neste respeito — o caráter da fé judaica, que emana do povo e que só pode ser renovada pelo povo. Fizeram-se tentativas não de esclarecer historicamente a situação, mas de defendê-la a partir de posições fixas. A apologética judaica da Antigüidade e da Idade Média, desenvolveu-se devido à necessidade de defender certas condições, cujas causas ninguém estava em condições de conhecer e nenhum esforço humano podia modificar. Mas no mundo moderno não há lugar para apologismos; fracassos e dificuldades são identificados e, na medida do possível, investigados até as suas origens e, em seguida, são superados. Apenas as tendências humanas da apologética judaica permanecem válidas. É privilégio do povo oprimido, despertar a consciência dos vencedores e extrair a moral de uma história milenar, na qua nenhum poder humano, mas apenas Deus, foi reconhecido como o fator histórico determinante.

O plano deste livro exige agora que eu diga uma palavra sobre a natureza do Galut em nossos tempos. Todas concepções modernas do Galut, seja qual for a orientação que as determinam, são inadequadas: são anti-históricas; confundem causa e efeito; projetam os padrões do século dezenove sobre o passado. Não existe, na realidade, nenhum esforço sistemático para analisar o material histórico, ou qualquer desejo consciente de entender e apreciar as idéias das gerações judaicas anteriores. Isto é igualmente verdade no que concerne à concepção anti-semita do Galut como um símbolo de decadência política e de desintegração geral e exploração, também no tocante à idéia assimilacionista de que o Galut serve de instrumento para o progresso e a difusão de cultura, e às teorias religiosas da teologia judaica posterior.

A teologia judaica erra ao apelar para antigos conceitos do judaísmo, relativos a uma missão histórica. A velha idéia de uma missão judaica ligava-se a uma determinada concepção da história e à realidade da servidão política que seria liquidada pelo Messias. A idéia da missão só podia ser levada à frente em tempos de sofrimentos e necessidade. Ela apresenta — conjuntamente com as idéias de purificação e expiação — apenas uma das inúmeras interpretações do Galut. Mesmo para os judeus helenísticos, o Galut não teve a particular e especial significação que os primitivos cristãos atribuíram à sua própria Diáspora. E a execução de uma tarefa missionária no Galut deve, certamente, envolver uma propaganda religiosa, a que os judeus renunciaram precisamente por causa das pressões do Galut, e provavelmente para sempre. Em tempos recentes, tem-se dito com freqüência que a velha crença no Messias não pode ser absorvida pelas idéias do progresso religioso.

Todas as modernas interpretações do Galut não conseguem fazer justiça à tremenda tragédia da situação galútica e ao poder religioso das velhas idéias centralizadas em torno dela. Nenhum homem da atualidade, não importa qual a sua orientação religiosa, ousa pretender que está equipado para carregar o fardo de séculos como os seus antepassados o fizeram, ou que o mundo moderno ainda apresenta as condições internas e externas requeridas para a realização do destino judaico no antigo sentido do termo.

O Galut retornou ao seu ponto de partida. Este continua sendo o que sempre foi: servidão política que tem de ser totalmente abolida. A tentativa, encarada de tempos em tempos, de regresso a uma idéia do Galut como existia nos dias do Segundo Templo — o agrupamento da Diáspora em torno de um forte centro na Palestina — está atualmente fora de cogitação. Houve um curto período em que o sionista podia julgar-se um cidadão de dois países, e, na realidade, num sentido moral mais profundo do que de Filo, pois o sionista estava preparado a dar a sua vida pelo país em que residia. Agora que aos judeus foi negado o direito de sentirem-se em casa na Europa, é dever das nações européias redimir a injustiça cometida por seus antepassados físicos e espirituais, auxiliando os judeus na obra de recuperação da Palestina e reconhecendo os seus direitos sobre o país de seus avós.

Rabi Judá Liwa ben Bezalel de Praga, um escritor do século dezesseis, inteiramente arraigado no antigo judaísmo, abriu o seu livro sobre a redenção messiânica com a declaração de que a natureza da salvação só pode ser devidamente compreendida através do seu oposto absoluto, o Galut. O Galut em si é para ele a prova decisiva da esperada redenção. Pois o Galut é a abolição da ordem de Deus. Deus concedeu a cada nação o seu lugar e aos judeus Ele doou a Palestina. O Galut significa que os judeus deixaram o seu sítio natural. Mas tudo o que sai de seu próprio lugar perde, desse modo, o seu apoio natural, até que se processa o retorno. A dispersão de Israel entre as nações é inatural. Uma vez que os judeus manifestam uma unidade nacional, inclusive num sentido mais elevado do que outras nações, é necessário que retornem a um estado de real unidade. É contrário também à ordem da natureza que uma nação seja escravizada pelas demais, pois Deus fez cada nação por si mesma. Assim, pela lei natural, o Galut não pode durar eternamente.

Podemos apelar para tais idéias, na atualidade, com a consciência de que nos cabe infundir na velha crença um novo sentido. Se buscamos o fim do Galut, não devemos atribuir os nossos desejos às gerações anteriores; pelo contrário, devemos sacar das idéias das gerações antecedentes aquelas conseqüências que surgem de uma abordagem espiritual modificada, diante de uma inalterada situação política. O renascimento judaico de nossos dias não é, em essência, determinado pelos movimentos nacionais da Europa: sua atenção se volta para a antiga consciência nacional dos judeus, que existia antes da história da Europa, e é o sagrado modelo original de todas as idéias nacionais da Europa. Entretanto, é inegável que essa volta para casa envolve um reatamento com a antiga consciência judaica da história, sobre cujos fundamentos a cultura européia constante e repetidamente se baseou nas épocas decisivas de sua história, sem reconhecer o seu débito de maneira séria e concludente. A questão é saber qual é a nossa própria relação com uma crença cujos fundamentos se conservaram inabalados por mais de dois mil anos. Para nós, talvez, o efeito último do moderno pensamento causal coincida com a conseqüência final da velha concepção judaica de história, que não vem a nós de alguma tradição alienígena, mas que brotou de nosso próprio ser essencial: "Nossos olhos, e não estranhos, viram-no; nossos ouvidos, e não outros, escutaram-no". Se, hoje em dia, podemos ler os sucessos de cada dia vindouro nas antigas e poeirentas tábuas cronológicas, como se a história fosse o infinito desenrolar de um processo proclamado de uma vez e para sempre na Bíblia, então todo judeu, em todas as partes da Diáspora, poderá reconhecer que há uma força soerguendo o Povo Judeu acima do domínio de toda história causal.

EPÍLOGO

Nos dez anos decorridos desde o aparecimento desse ensaio, escreveu-se um capítulo na história dos judeus e do mundo que sobrepuja as mais terríveis fantasias. Seria presunção, tentar, num breve epílogo, tomar uma posição com respeito a esses eventos. Mesmo, porém, a mais modesta contribuição para o entendimento histórico poderá ser de utilidade na luta com as tarefas da atualidade.

É nosso dever constante manter viva diante de nós e diante dos demais povos a grandeza de nosso passado histórico, a fim de tirarmos dele força e confiança, validez para as nossas reivindicações perante a humanidade e um rumo que conduza à ulterior auto-educação do Povo Judeu.

Introduzimos nossos valores especiais na história. E não foi apenas na primeira e grande idade de nossa história — a era do antigo Israel — que criamos tais valores e os convertemos em partes integrantes da herança humana. Na segunda idade de nossa história, que não foi menos grandiosa e que durou desde os dias dos Macabeus até o término da Mischná, criamos, com a Torá e os livros dos Profetas em nossas mãos, uma comunidade socio-religiosa de caráter ímpar; dentro dos limites de uma devoção historicamente determinada pelas antigas formas rituais e pelo pensamento místico, criamos uma nova cultura, original e pura, que difundiu tamanha luz sobre o decadente e estéril mundo greco-romano, como não fora visto, desde os dias dos séculos quinto e sexto da Grecia clássica.

Dessa cultura, o primitivo cristianismo derivou grande parte de sua substância e de sua força ético-religiosa. Essa cultura moldou as bases dos padrões morais europeus. Nesse período originam-se as nossas singelas preces judaicas, preces que as nações, arrancando-as de seu contexto natural e autêntico, conseguiram imitar, mas jamais igualar. A cultura da época — suas crenças, ritos e sua ordem social — dominam dois mil anos de história judaica, acorrentando-os, na verdade, às rígidas cadeias do dogma, mas, apesar disso, animando-os com a força religiosa do mito e da eterna maravilha.

É nesse tempo, nesse mesmo solo da Palestina, que aparecem os primeiros mártires pela fé. Ensinamos ao mundo a idéia do martírio, e na terceira grande idade de nossa história — a verdadeira idade do Galut — a idéia foi realizada no próprio corpo do povo. Durante dois mil anos sofremos pela redenção da humanidade; fomos expulsos e dispersos por todas as partes da terra devido à fatal interação dos fatores religiosos e políticos determinantes de nossa história.

Estivemos entre as nações, não para explorá-las mas para ajudá-las a construírem as suas civilizações. Tudo o que fizemos em solo estranho era uma traição ao nosso próprio espírito. Não fomos, também, às nações da Europa com o fito de convertê-las, no sentido do ardor missionário que animou o nosso povo na Antigüidade, e que, depois, inspirou os seguidores do cristianismo. Uma vez que limitações políticas destruíram as possibilidades de obter conversões, o nosso povo teve de contentar-se em dar testemunho de sua vocação missionária no mundo, através de sua mera existência.

Nosso lugar no mundo não pode ser medido com as medidas deste mundo. Nossa história segue as suas próprias [le]is, mantendo as suas mais íntimas tendências frente aos pe[ri]gos externos da dispersão, desintegração, secularização e [o]s da petrificação moral e religiosa. Nossa tarefa continua [se]ndo — a despeito do inevitável afrouxamento dos laços do [do]gma que nos conservaram unidos no passado — a de pro[cu]rar nosso apoio naquele princípio que sobreviveu em nós [du]rante todas as desgraças do passado, no princípio que nos [é] constantemente revelado, e cujas profundezas, não obstante, [ja]mais serão inteiramente sondadas, no princípio que permite, [c]om toda segurança, separar a atual crise interna da secula[ri]zação, crise que já data de gerações e cuja superação é tão [ce]rta quanto a certeza de que o nosso povo resistirá e se [m]anterá unido, apesar de todos os perigos e dificuldades.

Coleção ELOS

- *Estrutura e Problemas da Obra Literária*, Anatol Rosenfeld.
- *O Prazer do Texto*, Roland Barthes.
- *Mistificações Literárias: "Os Protocolos do Sábios de Sião"*, Anatol Rosenfeld.
- *Poder, Sexo e Letras na República Velha,* Sergio Miceli.
- *Do Grotesco e do Sublime* (Tradução do *Prefácio* de Cromwell), Victor Hugo (Trad. e Notas de Célia Berrettini).
- *Ruptura dos Gêneros na Literatura Latino-Americana*, Haroldo de Campos.
- *Claude Lévi-Strauss ou o Novo Festim de Esopo*, Octavio Paz.
- *Comércio e Relações Internacionais*, Celso Lafer.
- *Guia Histórico da Literatura Hebraica*, J. Guinsburg.
- *O Cenário no Avesso (Gide e Pirandello)*, Sábato Magaldi.
- *O Pequeno Exército Paulista*, Dalmo de Abreu Dallari.
- *Projeções: Rússia/Brasil/Itália*, Boris Schnaiderman.
- *Marcel Duchamp ou o Castelo da Pureza*, Octavio Paz.
- *Os Mitos Amazônicos da Tataruga*, Charles Frederick Hartt (Trad. e Notas de Luís da Câmara Cascudo).
- *Galut*, I. Baer.
- *Lenin: Capitalismo de Estado e Burocracia*, Leôncio Martins Rodrigues e Ottaviano De Fiore.
- *As Teses do Círculo de Praga*, Círculo Lingüístico de Praga.
- *O Texto Estranho*, Lucrecia D'Alessio Ferrara.
- *O Desencantamento do Mundo*, Pierre Bourdieu.
- *Teorias da Administração de Empresa*, Carlos Daniel Coradi.
- **Duas Leituras Semióticas**, Eduardo Peñuela Cañizal.
- *Em Busca das Linguagens Perdidas*, Anita Salmoni.
- *A Linguagem de Beckett*, Célia Berrettini.
- *Política, Jornalismo e Participação*, José Eduardo Faria.
- *A Idéia do Teatro*, José Ortega y Gasset.
- *Oswald Canibal*, Benedito Nunes.

Este livro foi composto
e impresso nas oficinas da
IMPRENSA METODISTA